『日本の死活問題』新装改訂

国防と国際法

色摩 力夫
Rikiwo Shikama

グッドブックス

新装改訂にあたって

『日本の死活問題』の初版を上梓して4年が経ちます。ハードなテーマを扱った本書ですが、おかげさまで各界各層の国防を真剣に考える皆様から評価をいただきました。いま読み直してみて、本書で述べた国防と国際法に関する諸原則は、いささかも修正を要するものではありません。むしろ、本書に述べたさまざまな問題点が、よりいっそう明瞭に現れてきた4年間であったと思います。

本来であれば国防と国際法について新たに執筆したいところですが、高齢のため上梓《じょうし》は難しいものがあります。そこで、内容をより端的に示すため『国防と国際法』にタイトルを変更するとともに、この数年間に顕著にあらわれた近隣諸国の情勢変化と、これに対応すべき憲法改正の考え方について論考を加え、新装改訂版として再び世に問うことにしました。

国連創設の目的であった「世界の現状維持（力の固定化）」の破綻

まず指摘したいのは、ここ数年、国連創設の目的であった第二次世界大戦の戦勝国による戦後体制の維持（世界の現状維持）を破ろうとする動きが目立ってきていることです。その筆頭が、中国の覇権主義でしょう。

中国は2020年6月に「香港国家安全維持法」を施行しました。これは実質的に、香港に高度な自治を認めていた「一国二制度」を破棄するもので、その後の民主派への弾圧は欧米諸国から強い反発を受けています。

新疆《しんきょう》ウイグル自治区での激しい人権弾圧に対しても、国際的に強い非難が起こっています。アメリカ、イギリス、カナダ、オランダなどが個別にジェノサイド（大量虐殺）と認定していますが、中国はこれを内政干渉だとして反発しています。国際的にジェノサイドを認定するには安全保障理事会による国際刑事裁判所への付託が必要ですが、中国は安保理常任理事国ですから、これが付託されることはないでしょう。

また、中国は南シナ海を一方的に支配下に収めようとしており、すでに南沙諸島にある環礁の軍事拠点化は完了していると言われています。南シナ海に対する中国の領有権の主張に対して、沿岸国であるフィリピンが中国を相手に提訴した案件で、2016年7月にオランダ・ハーグの仲裁裁判所は、中国の主張に法的根拠がないという判断を下しました。両国はこの裁定に従う義務がありますが、それから5年、中国はフィリピンが海軍力を持っていないことをいいことに、これを「紙くず」と呼んで、受け入れない姿勢を鮮明にしています。

さらに近年、中国船は、毎日のように尖閣諸島周辺の接続水域に入域し、しばしば領海にも侵入して日本漁船に接近、追尾したりしています。特に、2021年2月に施行された「海警法」は、中国の沿岸警備隊の権限を大幅に強化し、中国が定める「管轄海域」での武器使用を認めるものです。「管轄海域」がどこを指すのか明確ではありませんが、東シナ海、南シナ海のほぼ全体を含むものでしょう。こうした海域を中国は「我が海」だと主張しているわけです。

米朝の歴史的会談でも核放棄には至らず

一方、核保有に関する「現状維持」に服そうとしない国が北朝鮮です。

北朝鮮は核開発とミサイル発射実験を繰り返し、多年にわたり国際社会から経済制裁を受け続け、拉致問題も未解決です。

北朝鮮の示威行為と世界からの経済制裁が続く中で、2018年6月にシンガポールでアメリカのドナルド・トランプ大統領（当時）と北朝鮮の金正恩朝鮮労働党委員長（当時）による、史上初の米朝首脳会談が行われました。

世界中が注目した会談でしたが、会談後に両首脳が署名した共同声明には、「完全かつ検証可能で不可逆的な非核化」が盛り込まれず、また、その直前に、金正恩委員長と韓国の文在寅大統領との南北首脳会談で2018年中の朝鮮戦争終戦を目指す「板門店宣言」が発表されていましたが、これにも触れられることはありませんでした。朝鮮戦争は、1953年に休戦協定は結ばれたものの、その後も終戦協定は結ばれず、南北朝鮮は法的には依然として戦時中のままです。

そもそも、安保理常任理事国の五大国以外に核保有を認めていないのは戦後の「現状維持」の典型であり、これはダイナミックに移り変わる国際社会を特定の時点で固定しようとするものです。しかしながら、既に五大国以外にも核保有国が存在しており、国際社会の「現状維持」は破綻していると言わざるをえません。

憲法改正議論を求める国民世論の高まり

近年の国際情勢の変化を受けて、わが国の国民も憲法改正の議論の必要性を感じ始めています。2021年5月、6月の報道各社の調査によれば、「改憲の具体的議論をすべき」と考える人が7割(日経77%、産経72%)、「そうは思わない」人が2割弱となっています。

これにはコロナ禍の拡大に対する国民の危機感も影響しているのでしょう。度重なる「緊急事態宣言」の発出にもかかわらず感染はなかなか終息せず、特に、いのちをあずかる医療の現場からは、私権を制限してでも感染を抑え込みたいという声が上がりました。こうした非常事態に対応する憲法への追加の規定について、読売新聞の調査では必要が59%(不要37%)、共同通信では必要57%(不要42%)、産経・FNNでは必要68%(不要23%)など、国民の意識は高まっているようです。

ところが、国会では、世論との乖離が甚だしく、ようやく2021年6月に国民投票法が改正されただけでした。これは地域をまたぐ共通投票所を駅や商業施設に設けられるようにしたり期日前投票を柔軟におこなえるようにするなど、投票環境を公職選挙法にそろえるものです。これは必要なことではありますが、この議論に3年、8つもの国会を費やしてきました。憲法の中身に関する議論は、まったく行われていません。

日本国憲法は、制定から70余年、一言一句改正されていない「世界最古の憲法」です。この間、世界の情勢は大きく変わり、わが国の果たすべき役割も変わりました。ところが歴代政府は、憲法の改正を避け、無理と思われる解釈・運用によって状況の変化に対応してきました。ことに9条においては、たとえ自衛のためであっても、「戦力」は保持できないが、戦力に至らない「自衛力」であれば保持可能とされています。「戦力」と「自衛力」を別物としたのです。それが現在の政府・内閣法制局の公式見解となっていますが、このような区別は混乱を招くだけです。

憲法第9条と自衛隊の根本性格

このような情勢のもとで、2017年5月3日の憲法記念日に、安倍晋三首相（当時）は憲法第9条に「自衛隊を明記」し、これによって「自衛隊違憲論」に終止符を打つことを提案しました。この提案は、現行の9条第1項、2項をそのままに、自衛隊を追記する案です。この案は、ちょうど本書初版が出るのとほぼ同時期に提起されたもので、初版では触れることができなかったため、ここで少し触れておきましょう。

これは、現憲法を「平和憲法」と見る一部の人々を説得するために提起されたものでしょう。その意図は理解しますが、しかし、「陸海空軍その他の戦力は、これを保持しない。国の交戦権は、これを認めない。」とある第2項とは、如何ともしがたい矛盾があります。交戦権が認められなければ、もし日本に外国の軍隊が侵入してきた時、軍隊だけでなく場合によっては自発的に矢面に立った民衆が団結して戦うこともできないことになります。

確かに、このような方法でも、憲法が改正されることは政治的には意味のある一歩でしょう。しかし、「国防と国際法」を考える本書では、やはり、自衛隊が世界の標準の軍隊となるためには何が必要なのかを論じざるを得ません。

詳しくは本書第Ⅲ部を参照していただかなくてはなりませんが、わが国の自衛隊は、世界で唯一、国家機関としてではなく、行政機関として設立され、法制面でも警察的体質をそのまま残しています。それゆえに、安全保障法などの、追加的条項を加えないと、必要な行動を取ることができません。

どうしてそのようなことになったのか。それはやはり、憲法9条が戦力の保持と交戦権を否認して、治安の維持と、軍事力の空白を埋めるために、警察予備隊→保安隊→自衛隊と、なし崩し的に創設されていったという出生にまつわる事情があります。特に自衛隊は、占領終了後に創設されたのですから、その時点で憲法を改正しておくべきでした。今後、自衛隊が本来の意味での軍隊となって、真に国家の存立を担うためには、どうしても憲法9条の改正が必要です。

長い「平和」に慣れたわが国にとって、近年の国際情勢の変化は極めて大きく、国民意識も変わらざるを得ないので、ここでふたたび原点に立ち返り、戦後の出発点の様相と、軍隊や国際法の原理を知ることは必須のことと思われます。

本書が読者諸賢の考察に資するものとなれば幸甚です。

色摩《しかま》力夫《りきを》

旧版はしがき

ある日、街を歩いていると、平和を訴える一群の集団がデモ行進をしていました。「ママは、戦争、しないと、決めた！　パパは、戦争、しないと、決めた！」と唱えています。この人たちは戦争を拒否すれば戦争がなくなると、ほんとうに思っているのだろうかという疑問が湧いてきます。

もし戦争がそんなたわいないものであったなら、人類はとうの昔に戦争を廃絶できていたでしょう。平和を願うのはまことに結構ですが、敵（戦争）を侮《あなど》ってはいけません。残念ながら、世界に戦争がなくなる兆候はどこにもなく、紛争の種は増えるばかりです。

近代国際社会は戦争廃絶の試みを、まったくしてこなかったわけではありません。常設仲裁裁判所（１８９９年）、国際連盟規約（１９１９年）、不戦条約（１９２８年）、国連憲章（１９４５年）などがそうです。しかし、これらの取り組みによっても戦争はなくなってはいません。なぜでしょうか。

それは、戦争は「国際紛争解決のための最終手段である」（スペインの哲学者ホセ・オルテガ・イ・ガセ）という現実を甘く見たからです。

常設仲裁裁判所は、法の万能主義という幻想ゆえに挫折しました。国際連盟規約は、集団的な「公開外交」で戦争を抑止できるという錯覚で挫折しました。ともに理想主義の挫折といっていいでしょう。

また、不戦条約は、戦争を侵略戦争と自衛戦争に分けて侵略戦争を禁止しようというものでしたが、この無理な分類ゆえに迷路にはまりました。国連憲章は、国際機関が国家を超える権威と実力を持ちうるという錯覚ゆえに無力さを露呈しています。

残念ながら、戦争廃絶に関しては、国際社会はここまでしかできていないのです。それを、あたかも国際社会は戦争を禁止する方向に向かっていると勘違いしていては、大きな危険を招くことになります。

一方、戦争の惨禍《さんか》は、全人類が忌避《きひ》するところです。それゆえに、今では「戦時法規」の立法が進み、多くの国が参加しています。国際社会は、国家間の避けがたい戦争に対しても、万全とはいえないまでも、その惨禍を最小限にするために、文明社会としてコントロールしようとしているのです。

本書は中心的テーマを「戦時国際法」とし、第一部で詳しく述べています。私たちが戦争と平和について語ろうとするならば、「戦時国際法」の基礎知識は必須です。これを欠いていては、万が一の場合に、軍隊のみならず一般国民も、知らないうちに戦時法規違反の戦争犯罪人となってしまう恐れがあります。

それだけではありません。国際法で何を禁じているか、何を禁じるには至っていないかを知ることは、わが国の平和への政策を左右します。さらに、戦時国際法は戦争の始め方、終わり方についても規定していますが、慣習法となっている部分もあります。わが国は、先の大戦においても、国際法にのっとり降伏の手続きをおこない、降伏条件もまじめに履行しています。つまり、法的にも政治的にも、戦争は完全に終了しているのです。にもかかわらず戦後のわが国では、この認識が不十分、不正確で、近隣国の言う歴史認識問題に振り回されるなど、いまだに敗戦にひきずられている面があります。

こうした問題は、第二部、第三部で述べる、わが国と国連との関係や、憲法、自衛隊の問題とも密接にかかわります。

わが国では、国連を平和のための機関と考える傾向があります。しかし、残念ながら、国連は、単に、第二次大戦の戦勝国による、世界の現状固定化を目的に設立された機関です。そのためには、戦争さえ辞さないのが国連です。このことを知らないと、とんだ勘違いをする恐れがあります。

さらに日本には、国防を考えるうえで、極めて特異な事情があります。それは、日本は世界で唯一、「交戦権」を否認した国であるということです。交戦権とは、文字通り、いざというときには戦争に訴えてでも自国を守る権利で、国家主権の核心をなすものです。憲法上、日本にはこれがありません。

軍事をほとんど他人事としてきた日本では、戦時国際法も、国連も、軍隊も、語られることはまれでしたが、今や、是が非でも論じなければならない時代となりました。歴史の転換点に立っているといえるでしょう。本書はこうした日本の死活的問題を、なるべく平易に述べるよう努めました。日本の存立問題に関心の深い皆さまのご参考になれば幸いです。

『国防と国際法』

〜『日本の死活問題』新装改訂〜

もくじ

I　戦時国際法と日本の敗戦

Ⅱ 国連が平和主義でない理由

Ⅲ　自衛隊と憲法の根本問題

I

戦時国際法と日本の敗戦

1

戦争とは何か

戦争への見方が甘いと、わが国の存立も危うくなる。

第二次大戦が終わってまだ日の浅いころ、東京大学で国際法を講義していた横田喜三郎教授は、戦時国際法は雲散霧消してしまって、もはや存在しないと主張しました。国際法には、平時国際法と戦時国際法の二大分野がありますが、そのころ同教授の著わした国際法の教科書には、戦時国際法の部分が完全に欠落していました。

その論拠は、国際社会は１９１９年の国際連盟規約以来、１９２８年の不戦条約や１９４５年の国際連合憲章などによる度重なる戦争の違法化の立法により、今や戦争は非合法化されたので、非合法の事態に適用すべき法はあるはずがないという理屈でした。しかし、これは国際情勢の現実や、国際法の法理を無視した驚くべき暴言です。これらの条約等の国際約束は戦争をまるごと違法化したものではありません。ルールの単純な否認は、法の空白を提唱するようなもので、危険きわまりないことです。

幸いにして、わが国にもまともな国際法学者がおりました。それは京都大学の田岡良一教授です。田岡教授は第二次大戦直後の異常な学問的雰囲気にもかかわらず、弟子たちに戦時国際法のテーマを与えて、わが国の国際法学の将来のために布石を打っていたのです。そのおかげで、京都学派の系譜には世界に通用する戦時国際法の専門家が育っています。

このエピソードに見られるように、戦後のわが国では、平和幻想と称せられるような空気が蔓延《まんえん》して、戦争や国際社会に対する見方が非常に甘くなっています。それではわが国の存立を維持するうえでも、また、国際法上の立場を正当に主張するうえでも障害となりかねず、場合によっては死活問題ともなりましょう。現に、わが国は、近隣諸国の覇権《はけん》主義や恫喝《どうかつ》に苦しむのみならず、慰安婦問題など、戦争とその後の処理について、国際法に照らした正論を主張しなければならない場面も多々あります。

第一部では、戦時国際法とわが国との関係を見ていきます。その前に、まず、戦時国際法が支配する場である「戦争」とは何でしょうか。

これについては、ナポレオン時代のプロシャの軍人、クラウゼヴィッツが有名な命題として提示しました。

戦争とは、相異なる手段をもってする政治の延長である。

戦争は一見して外交の失敗のようにも見えます。しかし、じつは、外交と戦争は本質的に同じものであって、戦争は外交と同様に、対外政策の手段として「政治」に従属し、同じ政治目的に貢献する、ひとつの手段であるということです。

もうひとつ、重要な命題を紹介します。『La rebelión de las masas（大衆の反抗）』などの著作で有名な20世紀前半のスペインの哲学者、オルテガが提示した命題です。

戦争とは、国際紛争解決のための最終手段である。

国際紛争の解決の仕方にはさまざまあります。最初は外交努力など話し合いで解決しようとするでしょう。それで最終的に解決されれば、そのほうがいいに決まっています。しかしそうはいかない問題が出てくることもあります。

　ところで、国際社会でいう「解決」とは、必ずしも仲良くなることではありません。敵対心がありながら、実力行使して負けたら仕方がないと一応の決着をつけ、水に流すかたちを取るのです。たとえば、第二次大戦が起きて何かが解決したというより、決着したと見るべきでしょう。不満は残りますが、国際社会が未来志向になるための現実的方法です。

　もちろん、解決しないで永遠に争い続けることもあるでしょうが、それも健康状態とはいえません。健康を回復するには何かをしなければなりません。メスで切るしかないかもしれません。「紛争は解決されねばならない」というのが文明社会の大原則です。さもなければ、この文明社会は自家中毒を起こし、存立すらできないでしょう。

　しかし、その場合でも、文明社会においては実力行使は最終手段（ultima ratio）でなければなりません。文明の紛《まぎ》れもない兆候のひとつは、暴力が最後の手段に限定されていることです。他方、野蛮の証《あかし》は、暴力が最初の手段（prima ratio）になっていることです。

　近代国際社会では、たとえ実力行使に至った場合でも、その惨禍を抑制するために、戦争のルールを徐々に確立していきました。それがこれから述べる戦時国際法なのです。

2

戦争の終わり方の重要性

戦争は平和条約の締結により法的に終結する。これにより、勝者と敗者の関係もご破算となる。

17世紀に、国際法の父と呼ばれるオランダのグロチウスは、ヨーロッパ全体を巻き込んだ宗教戦争である「三十年戦争」の惨禍を見て、『戦争と平和の法』全3巻を著し、戦争に道理を求め、また、その手段を制限しようとしました。

こうした努力は後世に引き継がれ、20世紀に入ってからは、ハーグ陸戦法規や数次にわたるジュネーヴ条約などにより、戦争の始め方や終わり方の手続き、戦闘員の行為や捕虜の扱い、武器使用の制限、中立国の権利と義務など、戦時国際法として、具体的なルールが確立しました。

戦時国際法は戦争の詳細を決めていますが、その中でも、戦争の終わり方のルールが特に重要です。戦争は、始まる前より、終わった後こそが重要なのです。どのような終わり方をしたかによって、たとえば日本とドイツのように、戦後の様相がまるで変わるからです。

そもそも「戦争が終わる」とは、どういうことなのか、ここで典型的なモデルを示しておきたいと思います。

戦争を終わらせるには、敵味方、両方の交戦国の間で、戦時国際法に基づき特異な合意文書を作り、実施する必要があります。その手続きには二つの段階があります。

第一段階は、軍隊レベルの手続きです。

敵対している軍隊の間で、「停戦協定（休戦協定）」を作って、それに調印（署名）します。これは批准を必要とせず、即時に発効します。つまり、あらゆる戦闘行為がこの時点で終わるのです。これを俗に「終戦」と呼んでいます。しかしながら、これで法的に戦争状態のすべてが終わるわけではありません。

第二段階は、国家レベルの手続きです。

両方の国家の代表の間で、「平和条約（講和条約）」を作って調印（署名）します。しかし、これだけでは戦争は終わっていません。平和条約の文面が確定しただけです。

次に、両方の国家が、その条約を批准《ひじゅん》する必要があります。批准とは、当事国間で最終的に国家として確認、同意することです。批准は多くの場合、国会の承認を必要とします。これが終われば、同条約が発効し、戦争は「法的に」終了します。また同時に「政治的にも」すべてが解決したことになり、肝心の「平和」が始まるのです。

以上のような戦争終結の方式は、近代の国際社会では慣習として定着しています。

ただし、その条約に賠償や補償など何らかの具体的な条件がついていれば、それを遂行するための新たな問題が生じますが、それは、平和条約と別次元の新しい問題になるだけで、大筋の「平和」の回復の妨げになるものではありません。

重要なのは、平和の回復とともに勝者と敗者の関係もいっさいご破算となり、その区別も消滅することです。これらの手続きを通して国際社会は未来志向となります。それが国際社会でいう「平和」です。

その結果、平和条約によってすでに処理されている問題は、「過去」のものとなります。

少なくとも、第一次大戦まではそうでした。

しかし、第二次大戦の終結については、標準モデルからはずれた面があります。後に述べる国際連合の創設により、旧敵国が固定化されてしまったからです。これは、日本にとってじつは由々しき事態なのです。

3

日本は先の大戦をどう終えたか

日本は敗戦時も政府が健在で、国家として降伏手続きができた点がドイツとの大きな違い。

では、先の大戦におけるわが国の戦争終結のありようを見てみましょう。

日本は、1945年8月14日に「ポツダム宣言」受諾の通告をしました。8月15日ではありません。8月15日は、昭和天皇が自ら「終戦の詔勅《しょうちょく》」のラジオ放送によって、その事実を全国民に告げた日です。

ポツダム宣言は、米英中の三国の首脳がわが国に対して、速やかな降伏を要求した文書です。実際には次のようなものです。

現在日本国に対し集結しつつある力は、抵抗するナチスに対して用いられた力に比べ、はかりしれないほど強大なものである。われらの軍事力を最大限使用すれば日本国の軍隊は完全に壊滅し、またそれは日本国本土の完全なる破壊を意味する。よって、右の条件をのむ以外の日本国の選択は、完全なる壊滅しかない。（一部を要約）

日本が戦争をやめなければ殲滅《せんめつ》させるぞと恫喝《どうかつ》したわけです。わが国の学校教育では、単に「わが国はポツダム宣言を受諾して無条件降伏した」と教えているようですが、無条件降伏の解釈の間違いもさることながら、もし児童、生徒たちが宣言全文を読めば、その強い口調に、連合国が平和で善良な国々であるというようなイメージは吹き飛んでしまうでしょう。当時の日本政府も、昭和天皇の強い意志があればこそ、ようやくこの宣言を受諾できたわけです。

さて、この宣言には、いくつかの降伏の条件（全領域の占領、主権の地理的制限、軍隊の無条件降伏、戦争犯罪人の処罰など）が書かれていましたが、ポツダム宣言は単に政治的文書であって、法的に拘束されるものではありません。

そして、9月2日に東京湾上で、「降伏文書」の署名式がおこなわれ、即日発効しました。これは、停戦協定の内容に加え、多分に政治的な内容が盛り込まれた異例の合意文書でした。これはアメリカの狡猾《こうかつ》なやり方で、カナダを相手に起こした戦争でも、メキシコを相手に起こした戦争でも、同様なやり方で終戦の手続きを取っています。このやり方でアメリカは、メキシコから広大な土地を奪い、自国に編入（テキサス州などに）してしまったのです。

降伏文書に調印したのは、日本側が天皇と政府代表の重光外相、大本営（陸海軍）代表の梅津参謀総長、連合国側はマッカーサー連合国軍最高司令官と連合国の各国代表でした。重要なのは、わが国の政府は健在で、こうした降伏の手続きを国家として正式におこなったことです。

その降伏文書には、ポツダム宣言に示された諸条件のほかに、日本の国家統治の権限が連合国軍最高司令官の制限の下に置かれること、つまり、日本は占領軍すなわち連合国軍最高司令官総司令部（以下、GHQと記す）の間接統治に服して、内政では制限的な自治権をもつという内容が書かれていました。こうしてわが国は連合国軍の占領下に置かれることになりました。

連合国軍の日本への占領は、「降伏文書」調印の１９４５年9月2日から始まり、「対日平和条約」発効の１９５２年4月28日に終わりました。６年半余という長期間となったのです。

占領期間中、つまり日本の主権が制限されているときに、ＧＨＱはとかく疑義のある「新憲法」を制定させたり、「警察予備隊」や「保安隊」を創設させたり、「日米安保条約」を結ばせたりしたのです。まことに異常な時期だったといわざるを得ません。

なお、この「対日平和条約」は48カ国と締結しましたが、東西冷戦を背景に、中国やソ連（ロシア）が含まれていません。これらの国々とは別に対処しました。

中国との平和条約の問題は複雑になりました。日本が戦ったのは国民党ひきいる中華民国でしたが、その後、大陸では中国共産党による政権奪取があったからです。中華民国とは１９５２年に「日華平和条約」を結びましたが、中国共産党によってできた中華人民共和国とは、その20年後の１９７２年に「日中共同声明」によって、戦争の法的終結を確認しています。ソ連（ロシア）とは、１９５６年の「日ソ共同宣言」により戦争状態は法的に終結しましたが、北方領土問題を背景に本格的な平和条約はいまだに結ばれていません。

4

ＧＨＱを法的に論駁した日本人

無条件降伏＝何をされても仕方がない、ではない。それを熟知していた日本の外務官僚によってＧＨＱによる「直接統治」は免《まぬか》れた。

わが国の世論には、いまだに無条件降伏について誤解が横行しています。無条件降伏とは、敗者は勝者の意のままにされて、何をされても仕方がない立場になることではありません。勝者は、降伏の具体的な条件を提示し、敗者との条件交渉にはいっさい応じないという意味です。実際、ポツダム宣言の第5条には次のようにあります。

われらの条件は左のごとし。われらは右条件より離脱することなかるべし。
右に代わる条件は存在せず。われらは遅延を認むることを得ず。

そして、第6条以降に、いくつかの条件を列記しています。また、無条件降伏という言葉は、最後の第13条に「全日本国軍隊の無条件降伏を宣言し」とあるのみです。

そもそも無条件降伏というのはアメリカが得意とする戦争終結のやり方で、他国ではほとんど見ることができません。

南北戦争で北軍を指揮したグラント将軍は「無条件降伏のグラント」といわれたくらいです。第二次大戦中、アメリカのルーズベルト大統領はイギリスのチャーチル首相とおこなったカサブランカ会談後の記者会見で「無条件降伏」の方針を打ち出しました。このとき、グラント将軍の伝説を語ったといわれています。

また、1812年の英米戦争では、カナダに侵入したアメリカのウィリアム・ハル将軍は、カナダ住民への布告の中で、「英国に傷を負わされ、侮辱され、軽蔑されたわれわれに残された選択は、前回（1775年に始まる独立戦争）同様、勇ましく抵抗するか、無条件に降伏するかである」と宣言しています。ここには、戦争に勝つか、さもなければ無条件降伏するかの二者択一であって、戦争終結の第三の道はありません。ここにアメリカ独特の戦争観が見えてきます。

こうしたアメリカ方式の独特の戦争観の流れで、わが国は「無条件降伏」を突きつけられました。しかしながら、無条件降伏といえども降伏に違いはありません。「双務契約」ですから、勝者は、敗者と一旦合意に達した条件には自らも拘束されるのです。また、勝手に新しい条件を押しつけてはいけません。これは国際法のルールです。

理屈のうえでは、武装解除されてそれ以降は何をされても仕方がないということがあり得ますが、その場合、これに対抗するには国際的約束を破ったということを未来永劫、非難し続けるほかはありません。

実際に、日本が降伏文書に調印し、日本が正式に降伏をした1945年9月2日。このとき横浜にあったマッカーサー司令部は、翌日東京へ乗り込み、正式にGHQ司令部を開設する予定でした。この日の夕方、その後の占領政策を左右する劇的な場面が起こります。

マッカーサー司令部から呼び出しを受けた横浜連絡事務局長の鈴木九万公使は、翌日に発布する予定の布告文を渡されます（内示）。それは、軍政による直接統治の実施、占領政策違反者の軍事裁判の実施、軍票（紙幣）の流通といった3通でした。

それを読んだ鈴木公使は、その場で、これらは「降伏文書」に違反するものだと強烈に反論しています。なぜなら、ＧＨＱによる日本占領は間接統治であって、直接統治ではない。日本国民に対する裁判権は降伏の条件外である。軍票と日本の通貨制度は両立するとは限らず、大混乱に陥る危険があるものであったからです。

それと同時に、鈴木公使は、ドイツの降伏と日本の降伏とでは形も中身も違う。われわれ日本はドイツのように征服されたわけではない。日本の政府は健在であり、ドイツへの占領の流儀を日本に適用しては困ると強く抗議したのです。

また、その報告を受けた東京の重光葵外務大臣も、翌3日にマッカーサーと会見して日本政府はこれに同意できない旨を通告しています。マッカーサーは日本側の立場を了解して、その場で3通の布告文をすべて撤回しています。マッカーサーのこの行為は、アメリカ本国から訓令違反として不興を買ったといわれますが、とにもかくにも、これによって日本は征服的支配から免れることができました。こういう歴史的な場面があったことはわれわれ日本人として深く心にとどめるべきです。

5

中韓による「歴史認識」問題

平和の回復後も、「歴史認識」問題を振りかざす中国と韓国の行為は、国際社会のルール違反である。

近年、中国や韓国が「歴史認識」という理屈を振りかざしてわが国に謝罪と賠償を要求しています。これは、近代国際社会のルールに反するものです。

わが国は、国家として降伏を成し遂げ、降伏条項を真面目に履行しています。そして、1951年に「対日平和条約」を締結し、中華民国、その後の中華人民共和国、さらにソ連とは、個別に戦争状態の法的終結を実現しています。しかも、それぞれの文書において、各国は、その文書で明示的に規定されている場合以外については、いっさいの賠償請求権を放棄しています。

「対日平和条約」第14条には、「この条約に別段の定めがある場合を除き、連合国は、連合国のすべての賠償請求権、戦争の遂行中に日本国およびその国民がとった行動から生じた連合国およびその国民の他の請求権、ならびに占領の直接軍事費に関する連合国の請求権を放棄する」とあります。

戦争は、法的にも政治的にも、「平和条約」の締結（条件が明記されていれば、その履行を含む）により終結します。そして、新しく「平和」が回復されます。つまり、勝者と敗者の関係もいっさい御破算となり、国際社会は未来志向となります。

現在の日中、日韓関係のおかしさは、中韓側が「歴史認識」の名の下に、日本を未来永劫に「敵国」と決めつけようとしているところにあります。それは、「無知」または「悪意」の行為にほかなりません。「歴史認識」の「歴史」とは、過去となった事柄なのです。

「日中共同声明」は、法的文書ではなく政治的性格の文書ですが、その第5項に、「中華人民共和国政府は、中日両国国民の友好のために、日本国に対する戦争賠償の請求を放棄することを宣言する」と謳《うた》っています。このことは、国際法上、先の戦争にかかわる賠償請求に、わが国としては、もはや応じる立場にないことを示しています。

また、わが国は韓国と戦争をしたわけではないので平和条約の出番はありませんが、しかし、その論理は同様と見てよいのです。第二次大戦の結果、韓国は日本から独立しましたが、その法的根拠が１９６５年の「日韓基本条約」です。これにより、韓国は独立して主権国家となりました。日韓両国は主権平等の原則により、対等の関係にあります。また、その際同時に締結した「日韓請求権協定」によって、両国およびその国民の間のいっさいの請求権問題を一括して最終的に解決したのです。したがって、その後は、韓国も日本に対していかなる賠償も請求できなくなっているはずなのです。すると、１９９３年に宮沢内閣の官房長官だった河野洋平氏が韓国の慰安婦について述べた、いわゆる「河野談話」は、善意からの発想だったにせよ、本質的には誤りでした。条約によって未来志向となった日韓関係を過去に戻してしまったからです。

では、韓国の元慰安婦が日本に対して賠償請求を求めた問題のように、賠償請求権が放棄された後に浮上した問題は法的にどうなるのでしょうか。それにはすでに一般国際法上確立しているルールがあります。連合国と日本との関係でいえば、連合国側がわが国に新たに提起する権利はありません。もし、いずれかの連合国において新たに請求しようとする私人がいるならば、それに対応するいっさいの責任はその私人が帰属する連合国の政府にあるのです。

つまり、韓国の元慰安婦が戦時賠償を求める相手は、日本ではなく、ほかならぬ韓国なのです。韓国政府はその責任を免れるわけにはいきません。このことには具体的な条約上の根拠があり、しかも国際法の一般原則から見てもまったく疑義がありません。

また、このような議論を一応了解しても、平和条約で法的に拘束されるのは政府であるから、その国の一般国民がわが国に対して、あるいは日本の私人に対して賠償を要求する権利まで当然に失うものではないという立場をとる向きもあります。

このような主張には、じつは意外に複雑な要素があるのでまったく無意味なものとはいいませんが、原則問題としては、法的意味での「当事者」について、根本的な誤認のおそれがあります。平和条約の当事者は「国家」であって「政府」ではないことを忘れてはいけません。国家は、領土、国民そして政府の3つの要素からなります。したがって、政府は当然に国家を代表するものですが、国家そのものではありません。つまり、国家として受諾した国際法上の権利義務は、政府のみならず当然に「国民」も拘束することになるのです。

6

ドイツが謝罪を繰り返さなければならない理由

第二次大戦中に壊滅《かいめつ》状態となって征服されたドイツは、国家として降伏もできなかった。

日本と同じ敗戦国であるドイツはどうだったのでしょうか。日本、ドイツおよびイタリアは、連合国と交戦した枢軸三カ国として一括《くく》りにして考えられがちですが、降伏の態様には大差が生じました。イタリアはあまりにも複雑な経緯をたどったため、ここでは割愛します。

さて、ドイツの場合です。日本の降伏とドイツの降伏は一見似ているようで、じつは、その間には本質的かつ決定的な差異があります。

たとえば、賠償など日本の戦後処理の批判として、同じ敗戦国のドイツとの対比で論じられることがありますが、これは近代国際社会の常識からすればあまりにも短絡的な議論なのです。

すでに述べたように、日本は、軍隊としては「無条件降伏」しましたが、国家としては無条件降伏ではなく、ポツダム宣言の条項を条件として「降伏」しました。

それは、「降伏文書」に明記されている通りです。その後日本は、主要な連合国と「対日平和条約」を締結し、ソ連とは「日ソ共同宣言」、中国とも別途特別の法的措置をとり、賠償問題その他の戦争に直接間接に関連する請求権を一括処理することで、すべて完全に決着しています。

では、ドイツの場合はどうだったのか。ドイツの国防軍は、1945年5月8日に北フランスのランスにおいて、連合国軍との間で「降伏文書」に調印しています。降伏文書とは、戦争終了の手順の第一段階にいう「停戦協定」に相当するものです。

ところが、ソ連が異議を唱えたので、5月9日、ソ連の占領下にあった首都ベルリンで、再び署名式がおこなわれました。米英仏の西側諸国は、これを暗黙のうちに「批准」のようなものとして理解することにしたのです。

そこで思いがけない問題が浮上します。ドイツは、「国家レベルの降伏」ができなかったのです。4月30日に国家元首のヒトラーが自決し、その後のデーニッツ臨時政府は、連合国から当事者能力を否認されたのです。

ドイツは国家を正式に代表する中央政府が欠けたままで、全国土が敵方の軍隊に占領され、壊滅状態に陥るという悲劇に見舞われます。したがって国家として降伏もできずに、ただちに「征服」されたわけです。

国家が征服されると、その国家は消滅します。第二次大戦を戦っていたドイツは法的には消滅したのです。こうしてドイツの人々は、国家として「平和条約」を結ぶ機会と資格とを奪われました。

なお、その後、1949年に東ドイツと西ドイツが生まれて、1990年にドイツ連邦共和国として統一ドイツが成立しました。しかしながら、これらの新しい国々は、征服されて消滅したドイツとは、法的には何の関係もない新しい国家なのです。

じつは、あの旧ドイツが「平和条約」を結ぶ資格を失ったことは、重大な結果をもたらしました。すなわち国家としての主体がなくなったため、賠償などの諸問題を、交渉により一括して解決する機会を失ったことを意味します。事実、新生ドイツは周辺諸国などから謝罪や賠償などの要求を突きつけられて、その都度、対応せざるを得なかったのです。

ドイツでは戦争中の補償について、国家は継承されませんでしたが、ドイツ国民として逃れるわけにいかないということでその都度、対応してきています。違う国だとして開き直って拒否するというのもひとつのやり方かもしれませんでしたが、開き直れなかったのでしょう。実際にその都度、対応してきました。

他方、わが国は「対日平和条約」などの規定により、そのような問題をすべて一括して解決しています。中国や韓国には、日本はドイツに見習えとの主張がありますが、日本がドイツとの比較で非難される筋合はいっさいないのです。

7

真珠湾攻撃は国際法違反だったのか

奇襲攻撃は今も昔も、国際法上、合法である。わが国が不当な汚名を甘受するいわれはない。

戦争の終わり方にルールがあるように、戦争の始め方にも一定のルールを定める試みがあります。たとえば、1941年12月8日、日本がハワイの真珠湾を奇襲攻撃して日米が開戦しました。アメリカのルーズベルト大統領は、議会演説で、「卑劣なだまし討ち」と非難して、この日付を「屈辱の日」としました。

日本は攻撃開始の30分前に最後通牒《つうちょう》をアメリカ側に手渡す予定でしたが、書類作成の不手際もあって、奇襲攻撃の40分後となってしまいました。こうしてわが国は「宣戦布告」なしに戦闘を開始したことになりますが、これがはたして国際法違反の責めを負うべきことなのか、という問題です。日本人自身がそのように思い込んでいるふしがありますので、はっきりさせておかねばなりません。

わが国では、真珠湾攻撃について弁解らしき議論がさまざまおこなわれています。ルーズベルトの謀略であったとか、ワシントンの日本大使館の作業が遅れに遅れて間に合わなかったとか、いずれの議論も問題の核心ではありません。問題は、当時の現行法に照らして、事前の宣戦布告なき開戦が、本当に国際法違反であったか否かにあります。

もともと国際社会には、宣戦布告は任意であって、事実上の武力攻撃による戦争開始はなんら違法とされていなかったという慣習法がありました。ところが、1907年のハーグ平和会議で「開戦に関する条約」が成立しました。その第1条に次の規定があります。

締約国は、理由を付したる開戦宣言の形式または条件付き開戦の宣言を含む最後通牒の形式を有する明瞭かつ事前の通告なくして、その相互間に、戦争を開始すべからざることを承認す。

これは当時わずか28カ国が批准しただけでしたが、その中にはわが国も、アメリカも入っています。

ところが、これはたいへん出来の悪い条約でした。というのも、誰も守らなかったのです。これを大まじめに適用した事例は、じつはひとつもありません。

その理由のひとつに、「事前に」といいながら、その具体的な時間の目安がいっさい示されていないのです。英国陸軍の『陸戦提要』には、それではまったくナンセンスだと書いてあります。アメリカの国際法学界までが、「この条約は、成立と同時にオブソリートになった（すたれた）」としています。

法は紙の上に書いても、「法」となるとは限りません。国内法でも国際法でも、手続き上、何の瑕疵《かし》もなく立派に成立しても、とうとう真の法になれなかったという事例は少なくありません。「開戦に関する条約」も、形の上では法のようではあるが、実際上は法にならなかったということです。

結局、戦争の始め方は、明白な「国家意思」をもって、事実上の「戦争行為」を開始するだけで十分なのです。もはや、事前の「開戦宣言（宣戦布告）」などをおこなう法的義務はありません。これが、現時点における「慣習国際法」の規範と心得てよいでしょう。

実際のところ、ルーズベルトは真珠湾攻撃を「インファミー（破廉恥《はれんち》）」であると言いましたが、国際法違反だとは言っていない。あまり悔しいからそういう言葉でなじっただけです。日本はやっていけないことをやったわけではない。完全に合法です。これは世界を通じてだれも異議のない認識です。実際、当のアメリカは宣戦布告なしでいくらでも戦争をやっているわけです。

文書作成が遅れたなどという外務省の役人のヘマなどは、小さな問題です。そんなことは部内の規律の問題にすぎません。外交のプロにあるまじき失態として叱っておけば十分です。日本の、日本人の大問題ではありません。

要するに、真珠湾攻撃についてわれわれ日本人が受け止めるべきは、「日米開戦にあたって、わが国は事前に宣戦布告するという政治的意図があったが、結果として果たせなかった。これは政治的問題である。しかしながら、その時点において、事前の宣戦布告を義務とする法的ルールはそもそも実際上確立していなかったはずだ。つまり、必ずしも法的問題とはいえない。したがって、わが国は、破廉恥とか不誠実とかという不当な汚名を未来永劫に甘受する義理もいわれもない」ということになります。

8

世界の奇襲攻撃の例

奇襲攻撃をおこなった例は歴史上、山ほどあり、それが非難された例はない。

先制攻撃に関して、第二次大戦での各国の開戦の事例と、これに対する国際社会の反応をもう少し挙げてみましょう。

1939年、ナチス・ドイツがポーランドに侵攻して、第二次大戦が始まりました。このとき事前の宣戦布告はありませんでした。この点に関して、「開戦に関する条約」の違反として問題とした国は一国もありませんでした。その数日後、イギリスとフランスがドイツに宣戦布告していますが、同盟国であるポーランドに対する侵略は非難しても、事前の宣戦布告がないことを非難してはいません。ただし、戦後の「ニュールンベルク裁判」では、付随的な問題点として言及されたことはあります。

同じく1939年、ソ連が宣戦布告なしにフィンランドに侵入して、ソ連フィンランド戦争が勃発したとき、国際連盟は侵略を理由にソ連を除名しました。しかし、事前の宣戦布告がなかったことについては大して問題にしていません。1941年、ドイツ軍はソ連軍を奇襲して独ソ戦争が開始されましたが、当時のソ連も国際社会一般もどこも、奇襲自体をとりたてて非難していません。

1941年、わが国が真珠湾攻撃をおこなって戦争を始めたとき、わが国は、アメリカ、イギリス、オランダに同じく宣戦布告をおこないましたが、当時、イギリスもオランダも真珠湾奇襲を国際法違反として特に非難してはいません。

第二次大戦後の事例では、1950年に勃発した朝鮮戦争は、当事国が分裂国家の一方で、これに対するのは国連軍であり、また中国も参戦するという特異な要素の多い戦争ではありましたが、どこも宣戦布告の手続きなどとっていません。

1964年、アメリカはベトナム戦争にのめり込むのですが、このときも宣戦布告はしていません。幾度となく繰り返されたイスラエルとアラブ諸国の中東戦争の場合も概ね同じです。

もっとも、事前の宣戦布告を伴った開戦の例もないわけではありません。第一次大戦のときは、関係諸国の間で互いに宣戦布告の手続きをとっています。第二次大戦の末期に、ソ連が対日参戦をおこなったとき、満州侵攻にあたって宣戦布告の措置をとっています。

いずれにせよ、大事なことは、事前の宣戦布告が国際法上義務的であるという議論が、国際社会ではほとんどおこなわれなかったし、現在でもおこなわれていないという事実です。

ただし、先制攻撃が最も良い方法とは限りません。ある種の「コスト」がかかるのです。真珠湾攻撃では、それなりの戦果を上げましたが、真珠湾には当時、航空母艦は1隻もいませんでした。事前に偵察すればわかったはずのことなのに、それはしなかったのです。偵察機が来れば相手に察知されてしまいます。奇襲攻撃を意図していたのでそれは避けたのです。航空母艦がいないことを事前に察知できなかったのはなぜか、諸説あるものの、本当のところはわかっていません。

現代の世界最高の戦略理論家と称されるエドワード・ルトワクは、奇襲には必ずコストがかかると言っています。その例としてあげたひとつが日本の真珠湾攻撃です。そこには敵の航空母艦が1隻もいなかったというたいへんなコストを払うことになったと。もうひとつあげている例は、ヒトラーの独ソ開戦のときのことです。ヒトラーはどれくらいの戦力を用意すればいいかの計算で、相手を過小評価した。もっと十分な兵力を投入すればモスクワまで行けたのに、その計算を誤ってもたもたして、結局は失敗した。そういうコストがかかったと。

真珠湾攻撃でも、そういう危険があることは百も承知で、それでもやらざるを得なかったのです。奇襲攻撃とはそういうものです。そもそも戦争は、お互いの戦力がだいたい均衡しているときにおこなわれるもので、いちかばちかやってみようというものです。それにはコストの覚悟もいるのです。

9

戦時国際法の柱

戦時国際法には、戦争法、戦時法規、中立法の3つの分野がある。

前節まで、主に日本の敗戦に直接かかわる面を中心に戦時国際法を見てきましたが、ここで、戦時国際法の全体を見てみましょう。

戦時国際法には、戦争法、戦時法規、中立法の3つの分野があります。

「戦争法」は、戦争という制度全体にかかわる法です。たとえば、戦争そのものの法的取り扱い、戦争の開始、先に述べた戦争の終結などの法的ルールもこれに入ります。

しかし、平時国際法という平時の法秩序が、いかなるメカニズムでまったく異質の戦時の法秩序に移行するかという肝心な基本問題は、いまだ必ずしも明確になっていません。宣戦布告をするか、あるいは開戦の意思をもって事実上武力攻撃をおこなうか、のいずれかにより国際法上、戦争が開始されることは明らかですが、それまで支配していた平時国際法のルールが、どのように適用除外に陥るのか、理論上必ずしも明快ではありません。戦争法は、国際法全体の中でもっとも低開発段階にあるといえます。

「戦時法規」は、交戦国や個々の戦闘員が守るべき規則です。たとえば、毒ガスを使用してはいけないとか、捕虜の虐待は禁止されるとか、一般住民の保護には十分配慮するとか、具体的ルールがこと細かに規定されています。一言でいえば、害敵行為の手段の制限と戦争犠牲者の保護という2つの柱があるといってよいでしょう。

一例を示します。敵が攻め込んできたら、家族や故郷の人を守るために、あるいは愛国の至情に動かされて武器を取って戦おうとする人も出てくるでしょう。しかしそのとき、守るべき4項目のルールがあります。1907年の陸戦法規には以下のように書かれています。

1. 部下のために責任を負う者 その頭にあること（指揮者がいなければならない）
2. 遠方より認識しうべき固著（固有）の特殊徽章を有すること
3. 公然と兵器を携帯すること（武器を隠し持ってはならない）
4. その動作につき、戦争の法規慣例を遵守すること

以上の4条件を守らなければ、民間人であろうとも戦争犯罪に問われます。

さて、戦争は勝たねばなりません。そのためには、軍事的必要に応じて、手段を尽くして最大限の組織的努力をせねばなりません。しかし、戦争は先に述べたように「国際紛争の解決の手段」ですから、自国に有利な解決の条件を作り出せば必要にして十分なのです。むやみに痛めつけて、相手国の人々に深刻な怨念を長期にわたって植えつけても何の得にもなりません。したがって、軍事的必要といっても、自ずから限界があるのです。

他方、人道主義からの配慮が行き過ぎると、軍事的必要からの要請と真っ向から衝突してしまいます。ここでもっとも重要なポイントは、誰も守らない法を作っても意味がないということです。ですから、戦時法規の本質を言い表わして、「戦時法規は、軍事的必要と人道的配慮のバランスの上に成り立つ」という言葉を使っています。熟慮の結果の現実

主義になっています。

その意味で、国際社会ですでに結晶している戦時法規の中身は、けっして無理なルールとなってはいません。誰にでも、どの国でも守り得るルールです。したがって、それさえも守らなければ、国際社会で厳しい弾劾の的となるのは当然なのです。

戦時国際法の第三の分野に「中立法」があります。戦争において中立を維持する国に適用される権利と義務のルールです。これは独りよがりの自称平和国家とは別ものです。中立国は、双方の交戦国に対して厳に公平な立場を貫かねばなりません。

交戦国には、中立国を軍事的に利用しない義務があります。他方、交戦国の軍隊が中立国の領土に入ってくれば、その中立国は実力をもって排除しなければなりません。戦力をもたない国は中立もできません。交戦国の軍人が中立国に逃げ込んできたなら、武装を解除して、再び自国に帰って軍隊に復帰することを阻止せねばなりません。交戦国の軍艦が中立国の港に避難してきたならば、外交交渉により、たとえば48時間の避難は認められるが、それ以上になるならば退去せねばならないのです。

10

平和国家と戦時法規の関係

伝統的に戦時法規の研究と普及に熱心なのは、小国で国際平和を目指す国家である。

わが国には、いまだに、日本は平和国家だから戦時法規にはまったく関係がないという誤解が横行しています。これは、まことに不幸な誤解です。本当は、平和国家であればなおさら「戦時法規」の研究と普及がおこなわれていなければならないのです。

ヨーロッパでは、伝統的に戦時法規の研究と普及に熱心な国は、スイス、オランダ、スウェーデンなどのような、いわゆる小国です。しかも、平和国家を標榜している国々です。

なぜでしょうか。

これには理由があります。ひとつは、独特の国防思想をもっていることです。もうひとつは、積極的中立主義により国際社会に貢献することを国是としているからです。

小国は、大国間の戦争を防止することができないため、しばしばこれに巻き込まれてきました。つまり、大国の侵略に、国土と国民をさらすことにならざるを得ないのです。いつも自国の領域内で外国の軍隊に抵抗するほかなく、外国の軍隊の占領に耐えるほかないのです。

したがって、損害を最小限に食い止めるには、国際社会における「戦時法規」の立法の推進に積極的に貢献すること、そして、自国民に対してその普及、教育を徹底しておく必要があるのです。

一般住民は戦時法規を守らなければ人道的保護は期待できませんし、うっかり不用意に銃をとると、非合法的戦闘員と見なされて戦争犯罪人となるかもしれません。国民の誰もが戦時法規を知らなければ、壊滅的な損害を受けることになります。

今やわが国は、小国ではないかもしれません。しかし、平和国家を目指すならば、小国の国防思想から学ぶことも少なくないはずです。ところがわが国には、戦時法規の研究と教育が著しく欠けているという重大な問題を指摘しておかなければなりません。
第二次大戦の経験を踏まえて、あらためて戦争犠牲者の保護を定めた「1949年のジュネーヴ四条約」には、こう書かれてあります。

締約国は、この条約の原則を自国のすべての軍隊及び住民に知らせるため、平時であると戦時であるとを問わず、自国においてこの条約の本文をできる限り普及させること、特に軍事教育および、できれば非軍事教育の課目中にこの条約の研究を含ませることを約束する。

戦時において捕虜に責任を負う軍当局その他の当局は、この条約の本文を所持し、及び同条約の規定について特別の教育を受けなければならない。（第三条約第127条）

この中に「できれば非軍事教育の課目……」という字句がありますが、これは、締約国の中には、中央政府が教育の権限をもたない国があることを考慮した表現です。義務の軽減ではありません。
もちろん、わが国も締約国ですが、その義務を履行しているでしょうか。遺憾ながらまったくしていないといって過言ではありません。軍事教育の中でも、つまり自衛隊でも、戦時法規の教育は不十分と聞いています。一般教育に至っては、小学校から大学まで、いかなる段階でもまったくおこなわれていません。完璧と言ってもよいほどの条約上の義務違反です。戦時法規すなわち戦闘のルールを知らぬ軍隊は、マフィアややくざよりもたちの悪い武装集団です。戦時法規を知らぬ一般国民は、みすみす危険な状況に陥るだけです。これは大変なことです。

11

戦争は違法か、合法か？

1928年の不戦条約は、戦争を自衛戦争と侵略戦争に分け、後者を違法化しようとしたが、この分類は意味がなかった。

国際社会の「戦争違法化」の試みとは、1919年の「国際連盟規約」に始まり、1928年の「不戦条約」により原則として戦争放棄が合意され、ついに1945年の「国連憲章」により確認されたことになっています。しかし、これはあまりに単純な議論です。

まず、「国際連盟規約」は、本当に戦争違法化を規定していたのかという問題があります。その前文には「締約国は戦争に訴えざるの義務を受諾し」とありますが、「前文」には法的拘束力はありません。法的拘束力を生ずる実際の「条文」を見ても、3カ月間のモラトリアムを設けるなど、一部、手続き上、戦争を制限はしていますが、「戦争」と銘打たずに、たとえば満州事変とか支那事変のように「事変」と謳《うた》えば不問に付されました。

1928年の「不戦条約」では、一見ついに戦争が原則として禁止されたかのように思えますが、この条約は、戦争を自衛戦争と、防衛的でない攻撃的（侵略的）戦争とに分けて、後者を違法化しようとする試みでした。その第1条には、「締約国は、国際紛争解決のため戦争に訴えることを非とし、その相互関係において国家の政策の手段としての戦争を放棄することをその各自の人民の名において厳粛に宣言す」と謳っています。

この文言は、一種のきまり文句のように、国際社会に定着してゆき、その後の各種条約や各国の憲法などに好んで採用されてきました。日本国憲法第9条の「国権の発動たる戦争と、武力による威嚇《いかく》または武力の行使は、国際紛争を解決する手段としては、永久にこれを放棄する」の文言は、まさに「不戦条約」の規定を踏襲したものです。

では、これで戦争が禁止されたことになったのでしょうか。

そうでないことは、その後の歴史が雄弁に物語っていますが、問題点は、この条約の禁止規定が適用される「戦争」に、明示的な例外を設けたことです。

この「不戦条約」は、イニシアチブをとったアメリカの国務長官ケロッグとフランスの外相ブリアンの名をとって「ケロッグ・ブリアン条約」と呼ばれていますが、この批准にあたって、各国の政治家たちが最も不安に感じたのは、この条約によって、自国がおこなう正当な戦争を他国から「侵略戦争」だと非難されるのではないかということでした。

この不安に対して説得の必要を感じたケロッグ国務長官は、条約の成立前に「米国国際法学会」で講演をして、不戦条約のアメリカ草案を説明し、その中で次のようにきわめて率直な見解を示しています。

「いかなるかたちでも自衛権を制限し、または害する何ものも含んでいない。その権利は、すべての主権国家に固有のものであり、すべての条約に暗黙に含まれている。すべての国は、どのようなときでも、また条約の規定のいかんを問わず、自国領域を攻撃または侵入から守る自由をもち、また、事態が自衛のための戦争に訴えることを必要ならしめるか否かを決定する権限を有する」

つまり、自衛権の行使は当然に容認され、また自衛戦争か否かの判定の権限も自国自身にあるとしています。そして、この見解にもとづき、アメリカ政府は日本を含む各国に同様の趣旨の外交文書を送付しています。

さらにイギリスは、アメリカ国務省に口上書をもって次のように申し入れています。

「世界のある地域は、われわれの平和と安全にとって特別の、かつ死活的な利害関係を生ぜしめる。イギリス政府は、これらの地域への干渉には我慢できないことを、これまで苦労して明らかにしてきた。これらの地域を攻撃から守ることは、大英帝国にとってはひとつの自衛措置である。イギリス政府は新条約がこの点についての政府の行動の自由を害するものではないという明確な了解にもとづいて新条約を受け入れるものであることを、明らかにしておかねばならない」

つまりイギリスは、自衛戦争の範囲を念のため植民地にも適用されるよう確認を求めているのです。

こうして、「不戦条約」は、条約の適用外の戦争として、自衛戦争と国際機関などによる国際的義務にもとづく武力行使との2つを明示的に確認したのです。

国連については後に詳しく述べますが、1945年の国際連合憲章では、これに加えて、国連自身の武力行使、地域的な集団安全保障、敵国条項など、いっそう「正しい戦争」の範囲を広げているのです。

12

核攻撃や空襲は戦争犯罪に当たらないか

条約など法的文書に明記されていなければ、禁止事項にならない。よって、核攻撃も空襲も、残念ながら戦争犯罪に当たらない。

戦争に関するルールがあるならば、核兵器や空襲などで無辜《むこ》の民を無差別に殺すことは戦争犯罪になるのではないか、という疑問が当然に生じるでしょう。

じつは、戦争犯罪には当たらないのです。これを禁じる明示的な規定がないからです。法の制定はいつも遅れるものですが、戦後70年をへて、いまだに核兵器を規制する法規ができていないとは、いったいどうなっているのかと思う人もいるでしょう。

1907年の陸戦法規に原則的な禁止事項は書いてあります。

22条　交戦者は害敵手段の選択につき、無制限の権利を有するものにあらず。
23条　特別の条約をもって定めたる禁止の他、特に禁止するもの左の如し。
イ　毒または毒を施したる兵器を使用すること
ロ　敵国または敵軍に属する者を背信の行為をもって殺傷すること
ハ　兵器を捨て、また自衛の手段尽きて降伏を乞う敵を殺傷すること
ニ　助命せざることを宣言すること
ホ　不必要の苦痛を与うべき兵器、投射物、その他の物質を使用すること
ヘ　軍使旗、国旗その他の軍用の標章、敵の制服またはジュネーヴ条約の特殊徽章をほしいままに使用すること
ト　戦争の必要上、万やむを得ざる場合を除くほか、敵の財産を破壊し、また押収すること
チ　相手当事国国民の権利および訴権の消滅、停止、または裁判上不受理を宣言すること

一見、ホの内容は原爆に当たるというようにも読めます。しかし誰もそういうことを言う人はいません。

さらに、国際法の背後には、基本中の基本として、主権絶対の原則、主権平等の原則があります。たとえ、ある条文がこれに相当するのではないかと思ったとしても、この原則を持ち出されると、隠れてしまいます。明確に書いていないことについて、主権国家をそこまで拘束するのは無理だといって逃げることができるわけです。つまり、明文をもって書かないかぎり、完全に法として成立しませんし、執行されないということです。核兵器の使用を禁止し、生産を禁止し、貯蔵を禁止するには、明文をもって書いたものを作らないかぎりダメだということになります。

2016年末の国連総会で、核兵器禁止条約の交渉に入る決議が採択されましたが、核兵器保有国は一様に反対か棄権です。それでは条約ができても、実効性のあるものになるはずはありません。せいぜい、非保有国から保有国への抗議活動の意味しかありません。

軍事史上、あれほど破壊力のあるものができたのに、その取り扱いをどうするかという法が何もないというのは異様なことです。持っている国が持たざる国を制裁するというのも納得しがたいところでしょう。しかし、国際法はそこまで及んでいないのです。

多数国間条約では「留保」や「解釈宣言」という手法でいろいろな国がよってたかって注文をつけるという事態がしばしば起こります。「留保」とは、特定の条項を自国には適用しないと意思表示することです。「解釈宣言」は、特定の条項について「留保」こそしませんが、条項の意味内容をこのように解釈すると一方的に宣言することです。特に解釈宣言がやたらに目立つというのは戦時法規に独特の現象でしょう。国家と国民の生死にかかわる、それだけ重要な法規であるということでもありましょう。しかし、こうして肝心の条約がほんとうにルールになっているのかどうか極めて疑わしいという事態も起こり得るため、注意が必要です。

また、戦時法規の成立にイニシアチブをとり、管理しているのは赤十字国際委員会というスイスの民間団体です。これは日本赤十字社などが加盟している国際赤十字社ではありません。別団体です。赤十字国際委員会が近頃、「戦時法規」を「国際人道法」と称するようになってきましたが、これには感心しません。戦時法規は、人道の問題だけではありませんし、この呼称では、そもそもこの法律が戦争にかかわるものなのかどうかさえわからないからです。ずばり「戦時法規」のままにすべきです。

13

核廃絶が進まない理由

国際法には、重大な国際法違反に対して対抗措置を認める「復仇《ふっきゅう》」の法理がある。これがあるため、核廃絶が進む見込みはない。

前項で述べたとおり、戦時国際法の中には実際の戦闘行為をするときのさまざまな規制について記した戦時法規があります。

たとえば、前項でも示しましたが、1907年にオランダのハーグで締結された陸戦法規の第23条に、「特別の条約をもって定めたる禁止のほか、特に禁止するもの左の如し」として、「毒または毒を施したる兵器を使用すること」とあります。しかし、これによって、どうして毒ガスは禁止されなかったのかという議論を紹介します。この条項があるからといって毒ガス兵器の禁止ということにならないのです。

それは、国際法とりわけ戦時法規は明示的に表現しないかぎり有効ではないという原則があるからです。この条項を定めた時点では、「毒ガス」というものはなかったのです。では、この時点では何を想定していたかといいますと、毒薬など、液体に近いものでした。国際法は国内法とはまったく違う解釈をすることを知っておかなければ、考え違いをしてしまいます。国内法では立法者の意思とは関係なく、法制局や裁判所でよってたかって解釈をし、客観的に妥当と思われるところを探し出して判断が生まれるわけです。ここには立法者の意思は関係なく、一人歩きをするのです。

しかし、国際法では立法者の意思そのものです。そのとき想定していなかったことを類推して解釈してはならないのです。したがって、１９０７年の時点で想定されていなかった毒ガスを使用してはならないということにはなりません。

毒ガスが初めて使用されたのは１９１４年から始まった第一次大戦のときです。このとき、国際法違反だと訴え出た国は一国もありませんでした。

これが国際法の解釈の仕方の大原則なのです。すると毒ガスを禁止する条約を作らないかぎり禁止とならないので、そこで作ったのが、1925年の「窒息性ガス、毒性ガス、またはこれらに類するガス及び細菌学的手段の戦争における使用の禁止に関する議定書」です。これによってようやく毒ガスを使ってはならないという法規を、国際社会で共有することができたわけです。それで、国際法上、毒ガスは使用禁止ということになりました。

しかし、話はここで終わりません。世界の主要国は現在でも毒ガスを生産し、保有しています。なぜでしょうか。戦時法規にはリプライザルすなわち、「復仇《ふっきゅう》」という法理があり、敵方がしつこく国際法違反の行為をした場合に、それを理由にそれと同様の行為をしてもよいという法理があるからです。したがって、敵方が毒ガスを使用したら、こちらも毒ガスで対抗するために主要国は公然と生産し、保有しているのです。いざというときのために具えているという言い訳が成り立つからです。毒ガスがそういうことであるならば、核兵器にも同じことがいえるわけです。

たとえ禁止条約を作ったとしても、生産も保有もやめません。落とされたら、落とし返さなくてはならないからです。

核兵器禁止条約を作ろう、そうすれば、条約を守る守らないは別としても、原則禁止となればやがてなくなるだろうと日本人は思っているようですが、そう簡単なものではありません。復仇という法理があるかぎりなくなりません。

では、復仇を禁止する条約を作るというのはどうでしょうか。そのような試みもありましたが、それを留保する国が多くて、事実上ないも同然ということになったのです。したがって、たとえ禁止条約を作ってもダメだということになるわけです。

事実上、牽制し合って、自制を促すしかないのが現在の国際社会です。

たとえば北朝鮮は、自分たちのような小さな国はうかうかしていたら潰されてしまう。抑止する力を持たなければならない。そのためには核爆弾を持てば大丈夫だろうといって開発を進めているわけです。

14

戦時法規　追加議定書の混乱

紛争犠牲者の保護を強化するはずの追加議定書は、不用意な多数決方式の採用と、国連の介入によって混乱した。

少々難しくなりますが、ここで、現時点での「戦時法規（国際人道法）」の根幹はどのような構成になっているかを見てみましょう。それは、同法規制定のイニシアチブをとってきた「赤十字国際委員会」も指摘しているように、次の3項目と考えてよいでしょう。

1．1907年のハーグ陸戦法規（「陸戦ノ法規慣例ニ関スル条約」の付属書の俗称）

すでに述べたとおり、毒を施した兵器の使用禁止や、戦闘員は武器を隠し持たないなど戦闘の手段と方法を制限したものです。国際社会ではすでに「慣習法」になっていると認識されています。したがって、すべての国が当然に拘束されます。

2．1949年のジュネーヴ四条約

戦争犠牲者の保護を定めた4つの条約で、陸上の傷病者の保護、海上の傷病者と難船者の保護、捕虜の保護、文民の保護をそれぞれ規定するものです。「文民」とは、交戦行為をしていない一般の市民のことです。すでにほとんどすべての国が締約国となっています。

3．1977年の第一追加議定書および第二追加議定書

ここでいう「追加」とは、右の「1949年のジュネーヴ四条約」に追加するという意味です。また、第一追加議定書は国際的武力紛争、すなわち「戦争」に、第二追加議定書は非国際的武力紛争、すなわち「内乱」に適用されます。ゲリラ戦や民族解放戦争など武力紛争の形態が多様化したことへの対応や、ジュネーヴ四条約ではたった1カ条しかなかった内乱への規定を充実させたものです。すでにほとんどすべての国が締約国となっていますが、第一追加議定書については、多数の留保や解釈宣言がついています。

さて、この2つの追加議定書の作成には、従来の伝統的な採択方式と大きく異なる方式が採用されました。じつは、1907年のハーグ陸戦法規はもちろんのこと、第二次大戦

後の1949年のジュネーヴ四条約の作成にも、伝統的な「全会一致」方式で採択されました。ところが1977年の二つの追加議定書の採択は、史上初めて「コンセンサス」方式で片付けられました。これは原則的に3分の2の多数決方式です。

このような採択方式の大転換がおこなわれたのは、いったいなぜでしょうか。それは、外交会議の参加国が急増したからです。その背景に、1970年代には、特にアフリカ大陸で新興独立国が飛躍的に増加したという事情がありました。

また、国連総会が1968年を「国際人権年」に指定して、「武力紛争における人権」に関する法制の改善に乗り出して、赤十字国際委員会の発議によりスイス政府が主催する外交会議にも関与してきたことも無縁ではありません。

はたして、本来、理念も本質も異なる、武力紛争時の両者の行動を規制する「戦時法規（国際人道法）」と、平時における統治者と被治者の関係を定める「国際人権法」との混同と誤解が生まれました。そもそも「人権」の観点から見れば、殺人に至る武力紛争自体がいけないことになります。しかし、それでも起こってしまった武力紛争において、一般住民、戦傷者、捕虜などの紛争犠牲者の保護を規定するのが戦時法規です。両者はまったく次元の異なるものなのです。案の定、4年にわたる外交会議でも条文案の審議が十分とはいえず、後味の悪い雰囲気の中で2つの追加議定書が採択されました。事実、第一追加議定書には、留保または解釈宣言が多岐にわたってあまりに多く、肝心の権利義務関係が混沌としています。

ところで、ここで重要な問題点が浮上してきました。それは、「復仇《ふっきゅう》」の禁止規定に関わるものです。この論議のイニシアチブをとったのはイタリアでした。イタリアは解釈宣言付きで批准したのですが、その宣言によると、この第一追加議定書は、もっぱら通常兵器使用の武力行使のみに適用されるという了解です。つまり、核兵器使用の場合にはその規制が及ばないことになるのです。したがって、核兵器による攻撃を受けた場合には、「復仇」の権利にもとづいて核兵器による報復攻撃をしてもよいし、同盟国の核をあてにすることもできることになります。そして、多数の西欧諸国がこれを範として同様の解釈宣言を踏襲しているのです。

ところで、わが国は2004年に追加議定書を批准しましたが、残念ながらおざなりの解釈宣言をしただけでした。なぜおざなりの対応しかしなかったのか。それは、日本は専守防衛だから「復仇」など関係がないと、核兵器の取り扱いにもかかわる重大な問題であるにもかかわらず配慮が及ばなかったのでしょう。

15

内乱と国際法

戦時法規には内乱に適用される規定がある。

内乱とは、国家の統治機構に対し反逆を試みる暴動です。

わが国の「刑法」では、第2章内乱に関する罪の冒頭に、第77条（内乱）という条項があります。それによると、首謀者は死刑または無期禁固に処せられることになっています。

さて、現行の「戦時法規」には、なんと「内乱条項」とか「内乱条約」という国際約束があります。つまり、主権国家の核心部分となる国内事項に、いきなり国際法が介入することになっているのです。ただし、「内乱条項」とか「内乱条約」とは俗称で、正規の条文では、内乱を「国際的性質を有しない武力紛争」と言っています。

通常、主権国家が新しく国際法上の義務を負う場合には、既存の国内法体系に適宜取り入れる措置をとって制度化するのが普通です。しかしながら、この場合は違います。事の性質上、そのまま直接適用するほかはないでしょう。

「内乱条項」が国際法の中に史上初めて登場するのは、「1949年の戦争犠牲者の保護のためのジュネーヴ四条約」です。つまり第二次大戦の終戦後のことで、わが国は米軍の占領下にあったので、その立法作業には参加していません。

前節で述べたとおり、「ジュネーヴ四条約」による具体的な保護の対象は、第一条約で「陸上の傷病者」、第二条約で「海上の傷病者及び難船者」、第三条約で「捕虜」、第四条約で「文民」すなわち一般市民です。内乱条項は、この四条約に共通して、まったく同文のものがそれぞれの「第3条」として盛り込まれています。ただし、その内容は武力紛争の犠牲者の保護の側面に限定されていて、内乱自体を規制しているものではありません。内乱が発生した場合には、戦闘外にある者の待遇について紛争当事者が守らなければならない最低限の人道的待遇の規定です。わずか1カ条ではありますが、内乱問題を戦時法規の対象に取り入れる第一歩であり、画期的なことでした。

次の段階は1977年の第二追加議定書（正式名称＝「非国際的武力紛争の犠牲者の保護に関し、1949年8月12日のジュネーヴ諸条約に追加される議定書」）の成立です。この時点までに、オランダ（ハーグ）には戦時法規についてイニシアチブを取るような団体もなくなっており、代わってスイス（ジュネーヴ）の赤十字国際委員会が民間団体ながら実質的にイニシアチブをとる団体になっていました。この追加議定書により、非交戦者の保護について、国家間の戦争なみに詳細な規定が内乱にも及ぶことになったのです。

さて、スイス政府主催の「国際人道法の再確認と発展に関する外交会議」の開会式には、ジュネーヴ諸条約の当事国のほかに、国連加盟国の117カ国および民族解放団体などの35の諸団体が出席しました。この会議は1974年に始まり、4つの会期をへて1977年まで続きます。

2つの追加議定書の案文の審議は、各国、各団体の政治的な思惑が渦巻いて、議論はしばしば混乱しました。そして、個々の条文の採択の段階で先進国側には想定外の厄介な問題が浮上したのです。

それは「民族解放」のための武装蜂起の取り扱いです。つまり、植民地における民族解放闘争をどう取り扱うかという問題です。伝統的な法理論でいえばそれは典型的な「内乱」となるので、まさに第二追加議定書が適用される事態です。ところが、発展途上国側は、民族解放闘争を国際的武力紛争と位置づけて、第一追加議定書の適用を主張したのです。

民族解放闘争は、確かに国際的関心事ではありますが、理論的には内乱の一種に違いありません。それなのに、民族解放戦争は「内乱」ではなくて国際的武力紛争すなわち「戦争」だというのです。それは、民族解放団体などのステイタス志向、見栄っ張りによるものであったといえましょう。自分たちは単なる反乱者、反逆者、内乱者ではないぞ、国際的な問題なのだ、と言いたかったのです。

しかし、そう主張したところで、何の実益があるのでしょうか。内乱の事態には「第二追加議定書」が用意されていて、その犠牲者には詳細な保護措置が用意されているのです。しかしながら、西欧諸国案は、発展途上国および東欧共産主義諸国の連合の前に、多数決の投票で敗れました。すなわち、民族解放闘争は「国際的武力紛争（戦争）」と認められることになりました。結局、「概念の曖昧さ」とその「主観的な基準」がまかり通ったわけです。

16

日本はなぜ負けたのか

会戦・決戦主義の日本は、「国家間工業戦争」のパラダイムに気づかなかった。

第二次大戦での日本の戦略的誤算は、緒戦で大打撃を与えれば相手方が和平への交渉を求めてくると考えた点でした。ところが、アメリカは長期的に戦えば勝てるという考えをもっていたので、いっこうに交渉を求めてきませんでした。それは経済力、特に工業力の規模、持続力が、日本が想像もできないほどの潜在的能力があったためです。緒戦でやられても平気でした。それほどのとてつもない国を相手に戦争をしたのは、日本にとって初めてだったのです。

この背景には、戦争が新たな「パラダイム」に入っていたという事情があります。

パラダイムという語は、ある時代や分野において支配的規範となる「物の見方や捉え方」です。そして、「軍事学」の分野にパラダイムの考え方を取り入れたのが、イギリス人で、知性高き将軍といわれたNATO統合軍の元副最高司令官ジェネラル・サー・ルパート・スミスです。彼は退役後、2005年に『軍事力の効用』という名著を出版しました。（近頃、佐藤友紀氏により邦訳〈原書房〉も出ています。）

同書においてルパート・スミスは、第二次大戦までを「国家間工業戦争」のパラダイムとし、それ以降を「民衆の中での武力紛争」のパラダイムとしています。彼は、さらに、「国家間工業戦争」の前史としてナポレオン以降の戦争の様子も描いていますが、私はこれを「近代初期の戦争」として、別のパラダイムにしたいと思います。では、これらのパラダイムの要点を見てみましょう。

「近代初期の戦争」のパラダイム

これは、次の3つの要因によって形成され、戦場での「決戦」を主眼としています。

1．ナポレオン（1769―1821）による軍事戦略の革新

限られた兵力を展開し有利な布陣を獲得して「会戦」に臨み、戦闘に勝利した後に和平交渉に入ります。日露戦争での「奉天の会戦」や「日本海海戦」は、その適例です。

2．プロシャの軍事制度の改革

ナポレオンに敗れたプロシャは、革新的な発想の「参謀本部」を創設します。それは平時から有事を想定して戦略、軍備、動員計画等を練る影の頭脳集団でした。日本陸軍も、明治17年に、参謀将校メッケル少佐を教官として招聘しています。

3．クラウゼヴィッツ（1780―1831）著『戦争論』の刊行

「戦争は相異なる手段をもってする政治の延長である」。これは誰しも知る名言です。国家、軍隊、民衆の一体感も重要です。この本には邦訳も種々ありますが、最初の訳者は森鴎外でした。

「国家間工業戦争」のパラダイム

これは、19世紀の半ば過ぎに成立し、第二次大戦でピークを迎える新たな戦争のパラダ

イムです。この呼称は、その時期に決定的に重要な2つの要素「国家」と「工業」とが成熟したからです。国家間の工業化された「総力戦」です。それまでも、企業も戦争に貢献はしたのですが、「工業戦争」となると産業界は不可欠な存在となります。ひいては敵対する「国民経済」間の闘争となりました。国家間工業戦争では、敵方も異存のない戦略的軍事目的を達成して、その政治目的を獲得することです。

史上最初の国家間工業戦争は、1861年勃発のアメリカの「南北戦争」でした。本来は内乱ですが、南部は独立した連邦であると宣言し、事実上それを実現していました。当時の国際社会も、南の反乱勢力を戦時国際法にいう「交戦団体」すなわち国家並みと認めたため、「戦争」として扱われました。この二つの国家による、総力戦が戦われたのです。日露戦争は満州の覇権をどうするかを争った戦争でした。大きな会戦をしてどちらが勝つかで決めました。これが「近代初期の戦争」のパラダイムです。ところが日米戦争は様相が違いました。「国家間工業戦争」は、武器弾薬戦争です。産業力のある国はきりがなく戦争をし続けることができます。第二次大戦で日本は、こういう相手にぶつかったため、なかなか終わらない。日本の失敗は、「近代初期の戦争」のパラダイムをひきずって戦ったことです。

17

これからの戦争はどうなるか

新しい戦争のパラダイムでは、私たちの生活の場が戦場になる。

日々、繰り返される各地での紛争、内乱、テロの報に接していると、国際社会は紛争を解決しようとする意欲がなくなったかのようです。中東などを見ても、白黒つけがたい状況になってきています。「紛争は解決されねばならない」というのが文明の哲理ですが、いっこうに解決されない紛争ばかりで、これは国際社会が自家中毒を重ねて大混乱になる予兆かもしれません。シリア人が何百万人も国を捨てて出ていくなどとは、思いもつかなかったことです。紛争は、テロやゲリラに取って代わられたかのようです。

ルパート・スミスは、国家間工業戦争のパラダイムは1945年8月6日に、つまり、広島に原爆が落とされたときに終わったといいます。なぜなら、「国家間工業戦争を戦うために作られた大規模な軍隊は、大量破壊兵器の前にもはや有効ではあり得なくなった」からということになります。そして、彼は新しい戦争のパラダイムを「民衆の中での武力紛争」のパラダイムと名付けました。

彼は、「もはや戦争は存在しない」と言います。ただし、これは、武力紛争がもうなくなったとか、平和が来るとかいった意味ではありません。紛争はむしろ激化し、長期化するのです。対立、紛争、戦闘は世界中に存在しているけれども、「大多数の一般市民が経験的に知っている戦争、戦場で当事国双方の兵士と兵器のあいだでおこなわれる戦争、国際的な紛争において決め手となる大がかりな勝負としての戦争」はもはや存在しないと言うのです。両軍が戦闘をおこなうための人里離れた戦場もなければ、どちらの側にも軍隊が必ずしもいるとはかぎらず、路上や家屋や田畑など、あらゆる場所が戦場となりうるという現実を物語っています。

ルパート・スミス著『軍事力の効用』によれば、この新しい戦争のパラダイムの要点は次の通りです。

1. 戦闘目的が変化する。政治的結果を決定することになるハードな目標から、より柔軟な副次的な目標へと変化する。
2. 民衆の中での戦闘となる。戦闘地域と非戦闘地域との区別はない。
3. タイムレスとなる傾向がある。終わりはないかもしれない。
4. 軍事力を喪失しないように戦う。多大な兵力の一挙投入はしない。
5. 「国家間工業戦争」の産物である古い兵器と組織を活用する。
6. 交戦当事者は、多くの場合に非国家で多国籍者の集団である。
7. 敵対する交戦者に対しては敬意を持てない。

このパラダイムは、ひとつの典型ですから、そのほかの戦争がただちになくなってしまうわけではありません。今後とも、「国家間工業戦争」が起こり得ます。ただし、かつてはテロやゲリラは戦闘としては例外的なものでしたが、今やこれがむしろ主要な戦術のひとつになってきました。ＩＳ（イスラミック・ステイト）による戦闘はこの典型です。彼らは世界中を標的にしていて、日本もその例外ではあり得ません。こうした戦闘が国内で、いつ、どこで起こるかわかりません。しかも、ＩＳだけがこうした手法を使うわけではありません。これは現代の戦争の傾向なのです。こうした戦争を、どこの誰が仕掛けてくるかわかりません。

なお、ゲリラ戦の原動力となるイデオロギーはナショナリズムです。その戦術は、往時の無政府主義者の要人暗殺の手法（テロ）もその一例なのです。

こうして、私たちの生活の場に仕掛けられた戦闘に対しては、軍隊（自衛隊）のみならず、われわれ国民一人ひとりも対応を迫られることになります。場合によっては、反撃する必要もあるでしょう。そのような場合には、多少の戦時法規の知識も必要です。私たちは、すでにこうした時代に入っていることを、しっかりと心得ておかねばなりません。

18

平和とは戦争がないというだけのものなのか

平和は戦争よりも難しい制度である。
「それは、誰かによって組織され、維持される必要がある」

――コリン・グレイ

平和は戦争がないだけのことではありません。戦争に反対すれば平和が来るわけでもありません。「平和」は戦争の対語とされていますが、反対語ではありません。

イギリスの戦略学者コリン・グレイが、その著書『ファイティング・トーク　戦争と平和と戦略に関する40の格言』で挙げている「格言」のひとつに、「平和と秩序は天然自然の産物ではない。それは、誰かによって組織され、維持される必要がある」としています。

戦争の本質については、先に引用したオルテガの格言、「戦争とは、国際紛争を解決するための最終手段である」で言い尽くされていると思います。つまり平和のための手段でもあるわけです。戦争は、国際社会が生み出したひとつの「文明の制度」ともいえます。そして、「最終手段」とは、今のところ、それよりも有効な手段はないという意味です。

他方、「平和」も、「戦争」と並んで国際社会に根づいている別の制度です。つまり、空箱のように中身のないものではありません。しかも平和は戦争よりも難しい制度なのです。何もしないでいいのだから「楽ちんだ」などと錯覚してはいけません。平和が空き箱でないならば、そこには何が入っているのでしょうか。それは、具体的な「秩序」です。しかも、それも、人間がわざわざ作るものです。何らかの秩序に裏打ちされていなければ、本当の平和にはならないのです。

コリン・グレイによれば、近代史を通じて、平和の成功例の基盤には、次の2種類の原則があります。

覇権原則の場合（imbalance of power）

強力な覇権国が、その他の国々と「軍事同盟」を結び、同盟国の集団を「組織」し「管理」する場合です。たとえば、アメリカは、第二次大戦後の東西両陣営の対立を背景として、西側諸国を組織化して、ひとつの安全保障システムを構築しました。日本も「日米安保条約」を通じて、それに参加しています。このシステムはすでに70年も続いていますので、案外、長続きしているといえるでしょう。しかしながら、今や、アメリカの覇権に陰りが見え始めました。いずれは、日本も長期的な戦略の再検討を迫られるかもしれません。

均衡原則の場合（balance of power）

特定の覇権国なしに、多数の国々が互いに勢力均衡をはかる場合です。お互いに牽制することになるわけですから、特に組織したり管理したりすることはありません。結果として微妙な均衡が保たれればよしとするだけのことです。したがって、長期的には秩序に欠けて安定しません。たとえば19世紀の欧州がそうでした。イギリス、フランス、ドイツ、オーストリア、スペイン、ロシアなどが互いに牽制し合って均衡を維持したのです。最近、わが国では、「抑止力」という考え方が広く議論されていますが、これも、「均衡原則」の一種と見なしてよいでしょう。やはり、長期の安定性には欠けるところがあります。

さらに、ここで、もうひとつ補完的な原則を追加しておきたいと思います。

現状維持原則の場合（status quo）

「現状維持」は、とりあえずの平和には役に立ちますが、長い目で見ると害悪となる恐れがあります。ダイナミックな世界の歴史は、まさに政治権力の再配分そのものだからです。

現状維持とは、ある特定の時点で国際社会を固定しようとすることです。だから、戦争が終わると必ず平和条約を結び、これで決着をしようとするわけです。そしてあわよくば未来永劫に長続きさせようという戦勝国の願望が込められています。その、まさに長続きさせようとする考えが結集したのが国連なのです。しかし、現状維持は、常に流動的な国際社会を特定の時点で固定しようとするもので長続きはしません。それは、暴れ回る狂人に「狭窄着《きょうさくぎ》」を無理やり着せるようなことです。

また、核保有についても、北朝鮮が非難されていますが、五大国がみな持っていながら、他の国が持とうとすると制裁するというのはおかしな考え方です。じつは、核を持たせないというのは現状維持の象徴なのです。

恒久平和とは、国際紛争がなくなるか、その平和的解決が常に保証されるか、そのいずれかでないかぎり実現しません。現状では、いずれも不可能なことです。したがって、われわれは混沌とした国際社会の中で、五里霧中のままに、さまようほかはないのです。

19

平和は独り相撲ではない

平和は、漠然とあるのではなく、相手国との間にあるものである。

「1945年以来高まってきた現在の反戦思想は、長期にわたる平和の結果であって、その原因ではない」

これは、イスラエルの軍事学者マルティン・ファン・クレフェルトの言葉です。われわれ日本人には、その逆の錯覚があるのではないでしょうか。現在が平和であるとするならば、それは、覇権原則か、均衡原則か、現状維持原則の上に立っているものです。そうした現実を見ない素朴な反戦思想は、平和の上に咲いた徒花《あだばな》に過ぎません。実際は、戦争をするよりも、平和を作るほうが難しいのです。もっと真面目にならなければ、平和は作ることも維持することもできません。

じつは、戦争が独り相撲でないのと同様に、平和も自分ひとりでできるものではありません。平和は具体的な事象であって、抽象的に平和と叫んでみても意味がありません。憲法に平和を希望すると書いたところで、平和が訪れることにならないのです。

たとえば、北朝鮮との関係においてわが国は平和なのか、中国との関係においてわが国は平和なのかという問いが必要で、憲法に何と書いてあろうが、北朝鮮がわが国の目と鼻の先でミサイルを落とすような事態になっている現在は、北朝鮮とわが国の関係は平和とはいえないのです。

憲法9条を守ってさえいれば自ずと平和になると信じている人がいるようですが、それでは平和への貢献に何の意味ももちません。北朝鮮との関係が平和とはいえない状態であるならば、これに対応する現実的な視点をもたなければ、平和は維持できないのです。

日本は平和を国是としようと呼びかけるのは大いに結構ですが、それによって平和が守られるかというと、そうとはいえません。憲法に、日本はどの国とも平和でいたいという願望を書いてもよいでしょう。でも、それだけでは平和は維持できないのです。

アメリカと軍事同盟を結んでいるから北朝鮮と緊張関係になるという議論は、あながち間違いではありません。日本がどこの国とも軍事同盟を結ばずにいるという選択肢もあるでしょう。しかし、それは独自に十分な軍事力を必要とします。これが「一国平和主義」です。すると、核兵器も必要になってくるでしょう。平和のために、そういう路線をとるのか、ということです。

オルテガは、戦争が国際紛争解決の手段であると認識するとき、この場合の戦争とは、「戦争は、すべて」と理解せねばならないとしています。つまり、戦争を恣意的に分類すると、国際社会に混乱をもたらすだけとなると警告しているのです。国際紛争解決の手段でない戦争など、あるはずはないからです。このような認識から出発しないと、諸々の平和論は不毛となります。

逆説的にいえば、平和主義者がまず廃絶すべき戦争は、まさに「正義の戦争」なのです。そうでなければ、辻褄が合いません。皮肉なことに、多くの平和主義者は、「侵略戦争」をことさらに非難することにより、深刻な自己矛盾に陥っていることに気がついていません。したがって、文明論の次元からいえば、国際社会は、1928年の「不戦条約」以来、とんでもない迷路に踏み込んだことになります。たとえ善意にもとづいたものであっても戦争の分類は誤りであったといわざるを得ないのです。

次項で述べるように、第一次大戦後のヨーロッパの「パシフィズム（平和主義）」は、あれほどの明々白々な失敗をしたのに、第二次大戦後は再び、わが国を中心にしてあちこちで復活しました。わが国は、第二次大戦までの極端な軍国主義から、戦後の極端な平和主義までまことにブレの大きすぎる変化を遂げたようです。少なくとも国際社会はそのように見ています。ですから、わが国は、大多数の日本国民の素朴な善意にもかかわらず、まるで信用されていないのです。過去の反省がピンぼけだからです。

過去の反省とは、あの軍国主義の反省もさることながら、同時に、かつての平和主義の失敗の教訓をも十分に学んで、本当の意味の平和の探究に乗り出すことでなければなりません。われわれ日本人は、ひとりよがりの「素朴な善意」ではなく、「老獪《ろうかい》な善意」をもって真の平和への努力を始める必要があります。

20

パシフィズムの悲劇

ヒトラーの侵攻を許したのは、ヨーロッパに蔓延していたパシフィズム（平和主義）であった。

戦争は人間に多かれ少なかれ悲惨な状況をもたらします。はかりしれぬ悲劇の元です。ですから、戦争を呪い、戦争というものをなくしてしまおうという素朴な気持ちは、人類の歴史とともに古今東西どこにでもありました。ところが、戦争はなくなっていませんし、近い将来もなくなる兆候はありません。

オルテガが、英国の雑誌「The Nineteenth Century（19世紀）」の1937年6月号に、

「パシフィズムについて」という表題で評論を寄稿しています。その後、この文章のスペイン語版が、彼の世界的なベストセラー『大衆の反抗』のエピローグに所収されました。なお、同書はわが国では『大衆の反逆』という邦題でいくつも出版されていますが、原著『La rebelión de las masas』での記述は、反逆というほどの激しいものではなく、反抗というニュアンスのものですので、私は『大衆の反抗』と訳します。

さて、ここでいう「パシフィズム（平和主義）」とは、第一次大戦の終了以来、約20年ものあいだ、西欧諸国、特にイギリスが、政府も世論も一様に陥った特異な平和願望の風潮のことをいいます。もちろん、平和願望そのものは結構なことです。しかし、肝心の平和の本質を誤解しているならば、とんだ悲喜劇にしかなりません。はたして、オルテガは、そのイギリスのパシフィズムを失敗、それも大失敗と批判しているのです。

パシフィズムの基本的な考え方は、

戦争は悪であると明確に認識し、
それゆえに廃止したいという熱心な願望を抱いて、
それを広く啓蒙して、皆に、あるいは大多数の人間にそのように思い込ませれば、
戦争は廃止されるに違いない、という発想でした。

戦争がそんなにたわいないものであるならば、とっくの昔に戦争廃棄の問題は解決していたでしょう。人類が挑戦する戦争という難物をなめてかかってはいけません。

パシフィズムは、戦争の本質の誤解から生まれてきたものです。戦争を憎むのはよくわかりますが、戦争というものを過小評価しているのであれば、何の役にも立ちません。

事実、パシフィスト（平和主義者）は、戦争の中に、「災害と犯罪と悪徳」などの欠点だけを見ているのです。しかし、戦争は人間の本能の仕業ではありません。冷静に見るならば、戦争は科学や行政などと同様に、人類が国際社会の必要のために発明した制度でもあるのです。しかも、しばしば戦争は、各国の国民社会が、それぞれの愛国心からおこなう究極の事業であったことも忘れるわけにはいかないのです。

さて、相手（＝戦争）の過小評価は必ず失敗の元となります。案の定、パシフィズムは大失敗に終わりました。何しろ、第二次大戦というもっと規模が大きい、もっと悲惨な戦争が、平和主義者の足もとで起こってしまったのですから。

第二次大戦は1936年3月に、ヒトラーがラインラント進駐というヴェルサイユ体制に違反した時点で、英仏が戦争に踏み切っていたら起こらなかっただろうといわれています。

当時、第一次大戦後の平和条約であるヴェルサイユ条約により、ライン川西岸はフランス軍が占領、ライン川東岸の50㎞は非武装地帯とされていて、ここはドイツ領でありながらドイツ軍が進駐できない地域でした。ところが、この年の2月に、フランスがソ連との事実上の軍事同盟を結んだため、ヒトラーは自衛のためと称して、ここに軍隊を進駐させたのです。フランスは直ちに抗議しましたが、戦争に訴えることはせず、傍観するだけでした。

当時、ドイツの軍備は、イギリスやフランスに比べてはるかに貧弱なものでした。しかし、ヒトラーはパシフィズムが蔓延している両国は戦争を仕掛けてこないと考え、進駐を敢行しました。あるいは、もしフランスが、そしてその同盟国のイギリスが反撃してきたら撤退するつもりでいたともいわれます。いずれにしても、イギリス、フランスがこれに反撃しなかったため、ヒトラーはその野望の第一歩を現実化させ、ドイツ国民は拍手喝采、ヒトラーの威信はいやが上にも高まったのです。その後の歴史は、ご承知の通りです。

II

国連が
平和主義でない理由

21

国連創設の意図

戦勝国による戦後体制の維持、これが国連創設の真の目的であった。

わが国には、政府、外務省も含めて、国際連合（以下、国連）へのおめでたい幻想がいろいろあります。それを列挙すると次のようなものになるでしょう。

国連イコール国際社会である

国連は外交のメイン舞台である

国連は超国家的権威をもつ

国連は世界連邦への第一歩である
国連は恒久平和を目指している　等々。

こうした幻想の象徴ともいうべきが、日本政府が国連安全保障理事会の「常任理事国」入りを目指していることでしょう。2017年現在、日本は、加盟国中最多となる11回目の「非常任理事国」となっていて、これをもって「常任理事国」入りへ弾みをつけたいようです。

安全保障理事会は、国連の中で最も大きな権限をもっていて、事実上の最高意思決定機関です。その常任理事国は、第二次大戦で勝利した「連合国」の中心国家である米、英、仏、露、中の5カ国で、任期がなく、恒久的にその立場にいます。また、常任理事国には拒否権があり、主要事項については、このうち1カ国でも反対すれば、その議案は成立しません。

一方、非常任理事国は、定数10カ国で、アジア、ヨーロッパ、アフリカなど地域ごとに割り当てられています。任期は2年で、連続再任は認められず、拒否権もありません。

わが国は、国連の運営費となる「国連分担金」を、加盟国中、第2位となる約10％を負担していますが（第1位のアメリカが22％、ただしトランプ政権で今後はどうなることか……）、それにふさわしい地位につきたいということでしょう。ところが、日本の常任理事国入りへの壁は、非常に高いものがあります。国連憲章の改正が必要なこともありますが、何といっても、中国、韓国などが猛烈に反対するでしょう。後に詳しく述べますが、「旧敵国」が何を言っているのか、というところです。これらの国は、第二次大戦時の戦争犯罪や償いを常に問題にしています。

日本同様に常任理事国入りを目指すドイツ、インド、ブラジルに対しては、やはりそれぞれの周辺国が反対しています。こうした反対論に対して、日本は、いわゆる「拒否権」を求めないことなどで説得しようとしていますが、それでは単に「任期」のない非常任理事国になることと、何が違うのでしょうか。そのような不合理なことをしてまで常任理事国に入りたいというのは、国連の実像を正しく認識していないことに起因すると思われます。

国連がもし本当に、冒頭に列挙したようなものであったならば、まことに結構な話です。しかし、真実はかなり違います。真逆であるといったほうが近い。これから順次、見ていくように、国連の「出生の秘密」を知ると、国連創設の目的はひとえに第二次大戦の戦勝国による戦後体制の維持以外の何ものでもないことがわかります。勝利によって得た力を固定させたかったのです。

たしかに国連は、当初の加盟国、51カ国からしだいに増え、２０１７年現在で１９３カ国となりましたが、たとえすべての国が加盟したとしても、「国際社会」と同義語になるわけではありません。国連は、国家が集まって人為的に作った「結社」、わかりやすくいえば「クラブ」です。複数の国家があるところ、おのずから生まれる「国際社会」とは次元が異なるのです。

これはすなわち、国連は国際社会に無条件で開放されたものではないということです。実際に、国連憲章には加盟条項（第４条）があり、国連憲章の受諾や、その義務の遂行とともに、「平和愛好国であること」とされています。だれが「平和愛好国」であると認定するかというと、それは他の加盟諸国です。わが国は敗戦後、国際社会に復帰してから数度にわたり加盟申請をしてきましたが、その都度、ソ連によって拒否され、１９５６年に「日ソ共同宣言」を締結して、ようやく加盟を果たしました。

現在の国連加盟国がすべて「平和愛好国」であるとはとても思えませんが、それはともかくとして、国連はある意図をもって作られた結社であること、そしてそれはどのような意図であるか、すなわち「出生の秘密」を知ることから始めなければならないのです。

22

軍事同盟の延長として作られた国連

国連創設への参加条件は、枢軸国へ宣戦布告した国とされ、あわてて日本とドイツに宣戦布告をした国も少なくない。

国連は第二次大戦後の国際社会の平和と安定を図るために作られたということになっています。第一次大戦後にできた国際連盟はまさにそのような目的で作られた国際機構でしたが、国連に関しては、建前はそうでも実像は少々違っています。作られ方がとてもいびつなのです。では、「国連の出生の秘密」にさかのぼって解明してみましょう。

第二次大戦は、1939年から45年まで続いた世界史上最大級の戦争です。日本、ドイツ、イタリアの三国同盟を中核とする枢軸国陣営と、フランス、イギリス、ソ連、アメリカ、中華民国などの連合国陣営とに分かれておこなわれました。

まず、欧州戦域では、1939年にドイツがポーランドに侵攻して、その同盟国のイギリスとフランスがドイツに宣戦を布告しました。次いで、太平洋戦域では、1941年に日本がアメリカの真珠湾を奇襲して、大規模の世界大戦となったのです。

第二次大戦末期の1945年4月25日、「連合国」側は、日本やドイツといった「枢軸国」への勝利を見据えて、サンフランシスコ会議を開会します。国連の基本法となる「国際連合憲章」を作成するためでした。このときの主催国はアメリカ、イギリス、ソ連、中国の4カ国。ちなみにフランスは主催国となるのを拒否しています。

会議への参加招請状は、主催国の米英中ソからすべての「連合国」に送られましたが、その宛先は、「1945年3月1日までに枢軸国へ宣戦布告している国」とされました。つまり、日本やドイツのような「敵国」はともかく、スイスやバチカンのような「中立国」はおろか、どちらの陣営にもつかなかったスペインなどの「非交戦国」は除外されたのです。

ここでわかることは、国連は「連合国」という軍事同盟の延長線上に作られた組織で、枢軸国に宣戦布告しなければ仲間と見なさないというわけです。当然に、その目的は終戦後の国際社会の「現状維持」です。勝利によって得た力を固定化させたかったのです。

ここで奇妙な現象が起きます。それまでに参戦はせず「非交戦国」であったペルー、チリなどの国々が、サンフランシスコ会議に参加したいがために「枢軸国」へあわてて宣戦布告するという事態が起きたのです。それによって連合国側は51カ国に膨らみました。これが国連の「原加盟国」なのです。つまり、国連には、その発足時から世界のすべての国々を網羅する意図は毛頭なかったということがわかります。

サンフランシスコ会議の後、「国連憲章」の条文ができあがったのは1945年6月26日です。しかし、これで法としての効力をもったわけではありません。国連憲章のように重要な条約は、締約国の国家意思の確認のために「批准」を要するからです。署名国は、自国の憲法に則って、国会の承認を受けるなどの手続きを経なければなりません。

国連憲章の批准条項の規定には、五大国を含む署名国の過半数により批准手続を完了するとあります。この時点で、すでに五大国の拒否権が保証されていたことがわかります。

こうして、同年10月24日に、すべての手続きが完了して、国連憲章がその批准条項の要件を満たして発効しました。それによって、国連が正式に成立して、業務を開始したのです。

これらの日付を、ドイツ国防軍の無条件降伏の1945年5月7日と、日本が国家として降伏文書に調印した同年9月2日を重ね合わせると、見えてくるものがあります。

①1945年4月25日　サンフランシスコ会議（国連憲章作成会議）開会

②同年6月26日　国連憲章案の作成完了

③同年10月24日　国連の設立と業務開始

ドイツ国防軍が無条件降伏し、ドイツが国家として「壊滅状態」となったのは、①と②の間、日本の国家としての降伏は②と③の間でした。ドイツにとっては、「国連憲章作成会議」開会の時点で、戦争は未だ終わっておらず、同会議の開催中に、国家としては壊滅状態になり、征服されて戦争が終わりました。日本は、国連憲章成立の時点でも戦争はいまだ継続中であり、特に沖縄では壮絶な戦闘がおこなわれていました。さまざまな手続きを終えて国連が発足したときには、たまたま第二次大戦が終わっていたということなのです。

つまり国連は、連合国という軍事同盟が、第二次大戦末期から終戦直後にかけて、一個の国際機関に転換したものといえます。国連は軍事同盟の延長として作られたものといって過言ではありません。

23

「国際連合」という訳語の不思議

わが国が戦った相手は「連合国」(United Nations)、現在の「国連」もUnited Nations。

前項で、国連は軍事同盟の延長として作られたと述べました。ですから、国連の英語表記は連合国の呼称と同じUnited Nationsです。これは現在も変わりません。軍事同盟の名称をそのまま戦後の国際機関の名称としたわけです。

ちなみに、国連憲章の正文は中国語、フランス語、ロシア語、英語、およびスペイン語の5つですが、中国語ではそのまま「聯合國」、フランス語、ロシア語、スペイン語では

「連合国」の部分は残し、これに英語のオーガニゼイションに当たる語を付したものになっています。いうなれば「連合国機構」とでも訳される呼称です。

ところが、わが国は戦時中には、敵方の軍事同盟のUnited Nationsを「連合国」と訳していたにもかかわらず、戦後は、同じ名称のものを、わざわざ「国際連合」と訳し直しています。なぜこのようなことが起こったのでしょうか。

第二次大戦中、連合国側は、自らの陣営をどのように呼んだかについて、必ずしも首尾一貫していませんでした。最初に「連合国（United Nations）」の呼称が現れたのは、1942年1月1日の「連合国共同宣言（ワシントン協定）」ですが、その後、このほかの呼称も用いられています。

たとえば1943年12月1日の「カイロ宣言」では「三大同盟国（three Great Allied）」の言葉で始まりますが、対日参戦国を広く指すときは、やはり「United Nations」です。1945年2月11日の「ヤルタ協定」では「Allied（同盟国）」と呼んでいますが、なぜかこれをわが国の公式訳では「連合国」としています。

また、戦後のことですが、1951年の「対日平和条約」では、英語の正文「Allied Power」が、日本語の正文では「連合国」としています。このように、わが国は、相手方自身が必ずしも首尾一貫してこなかった呼称を、戦中、戦後にわたって「連合国」に統一する努力をしていたことになります。にもかかわらず、「連合国（United Nations）」が、新たに国際機関となった際には、「国際連合」という新たな訳語を考案したのです。

こうしてかなりの無理をして考案した呼称ですが、「国際連合憲章」全文を翻訳する際には、全体の整合性の観点から、同じ「United Nations」を、そこだけは「連合国」と訳さざるを得ない部分が出てしまっています。たとえば次のような箇所です。

前文冒頭
（英文の原文）　We the peoples of the United Nations
（日本語訳）　われら連合国の人民は
後文冒頭
（英文の原文）　the representatives of the Governments of the United Nations
（日本語訳）　連合国政府の代表者は

こうした不条理を抱えたまま、わざわざ実態にそぐわない「国際連合」という訳語を作ったのはなぜなのか。

この間の事情については、当時の外務省条約局にいた人々がいろいろな証言を残していますが、真相は必ずしも明らかでありません。しかし、それらの話を総合すると、どうやら、戦争中に自分たちが戦った相手である「連合国」の名称を使うのはあまりにも違和感があるとして、俗耳に入りやすい表現を狙ったようです。

敗戦国としての屈辱をやわらげるためだったのでしょうが、国連に対するさまざまな誤解を生み、途方もない「国連神話」を生み出す背景になったとすれば、それはたいへん不幸な呼称であったと思われます。

しかし、「国連」という言葉はすでに熟してしまったので、私はまことに残念ながら、本書では「国連」という言葉を使うことにします。しかし、正しくは「連合国」です。「ものはその名によって呼ばるべし」という大原則がありますが、呼称をごまかすとろくなことはない、という実例です。

24

国連憲章の「敵国条項」

「国連加盟国は、日本を武力攻撃してもよい」国連憲章には、そう取れる条項が存在する。

国連は第二次大戦後の現状維持をはかるために戦勝国（連合国）によって作られたと述べました。それはわれわれ敗戦国側として喜ばしいことではありませんが、見逃すことができないのは、国連憲章において、敗戦国を「旧敵国」として固定し、さらには、現状維持に反するとの理由があれば、国連のいかなる統制も受けずに武力攻撃してもよい、とされている点です（第53条、107条）。

　ここでいう「敵国」とは、「第二次大戦中に国連憲章の署名国の敵国であった国」とされていて（第53条2）、国名は明示されていませんが、わが国の外務省の見解では、枢軸国側にいた、日本、ドイツ、イタリア、ルーマニア、ブルガリア、ハンガリー、フィンランドとなります。ただし、日本とドイツ以外は、途中で枢軸国を脱退し、連合国側について日独に宣戦布告している等の理由により、事実上、敵国に該当しないとされます。

　枢軸国側の主要国は日本とドイツでしたから、敵国条項もこの2カ国に向けられているはずです。ところが、旧ドイツはすでに述べたように、法的には国家として消滅していますから、この条項は日本に向けられていると考えるべきで、日本にとって由々しき事態なのです。常任理事国入りなどと浮かれている場合ではありません。

　日本は過去に何度となく、その削除を要求していますが、他の国々の反応は、それに反対はしなかったけれども、そのために憲章改正手続の発議を引き受ける国はどこにもありませんでした。もっとも同条項の削除には、すべての常任理事国の承認と加盟国の3分の2の同意を必要とするわけで面倒に違いありませんが、日本は新規加盟の条件を満たして入ったにもかかわらず、しかも、国連分担金として経済的に国連を支えてきたにもかかわらず、いまだに敵国と位置づけられているのはまことに不条理といわざるを得ません。

中国、韓国が歴史認識の問題を出してきて、日本を非難するのは、この条項が根拠となっているると思われます。「旧敵国ではないか、それを忘れたか」ということでしょう。中国と韓国にとっては、日本を未来永劫にわたって旧敵国としておくほうが都合がいいに違いありません。

国連の出生の過程からすると、敵国条項があるのは不自然なことではないので仕方がないとしても、戦争が政治的にも法的にも終わった後にまで残っているのは、遺憾なことです。紛争がこじれてきて、これを根拠に日本に攻撃を仕掛けてくる国がないとはいえません。

にもかかわらず、日本には国連の常任理事国入りを要望する世論もあり、政府もその方向のようです。これについて、１９８０年代、米国のレーガン大統領時代に、ワインバーガー国防長官が次のような指摘をしました。

日本における「常任理事国」推進派は、目的志向ではなくて見栄っ張りの「地位志向」にすぎず、他方、消極派は憲法至上主義により国際社会における応分の責務の履行を拒否している。いずれも国際社会にとっては迷惑千万としかいいようがない。なぜ日本は、

「敵国条項」などに象徴される時代錯誤の国連を痛烈に批判して「常任理事国」入りなど拒否することにより、国連の抜本的改革を主張しないのか。（要旨）

ごもっともな意見です。ただし、「国連の抜本的改革」には賛成しかねます。事実上、不可能だからです。むしろ私は、国連に代わる次の世代の新しい国際機関を考えるべきだと思います。

日本はそもそも、国連では差別待遇を強いられる旧敵国で、その「出生の秘密」はしつこく残るわけです。それゆえ将来、国連が抜本的に変わることはないと考えたほうがよいでしょう。日本は国連に加盟できましたが、その国連は敵方の軍事同盟の後身です。つまり、日本は国連の中ではしょせん「外様《とざま》大名」であり、それ以上の存在となれるはずはありません。自分も「幕閣（安全保障理事会）」に入り「老中（常任理事国）」になろうなどという、途方もない夢は見ないほうがよい。日本は外様大名として、国連には常に一定の距離を置き、独特の矜持《きょうじ》を毅然として保持することが肝要なのです。

25

国連と国際連盟の大違い

国際連盟は、敗戦国を平等に迎え入れた。それどころか、敗戦国ドイツは常任理事国となった。

前項まで、国連の「出生の秘密」ともいうべき、その成立過程のいびつさについて見てきましたが、ここで第一次大戦後にできた「国際連盟」と対比してみたいと思います。国連は国際連盟を継承してできたものと思っている人もいるようですが、そうではありません。国連ができたとき、国際連盟は法的には存続していました。この2つは別々の組織なのです。

第一次大戦は、1914年6月の、いわゆるサラエボ事件をきっかけに、オーストリア＝ハンガリーのセルビアへの宣戦布告によって始まりました。

戦争は、ドイツ、オーストリア＝ハンガリー、トルコ、ブルガリアなどの「同盟国」と、フランス、イギリス、ロシア、イタリア、ギリシアなどの「連合国」との間で、主にヨーロッパで戦われ、1918年まで続きます。

アジアでは日英同盟にもとづいて日本も参戦。また、孤立主義を守っていたアメリカが遅れて参戦して、文字通り、人類初の世界戦争となりました。

アメリカの参戦によって、戦況は変わったといわれます。1918年9月にブルガリアが停戦に応じ、10月にはオーストリアおよびトルコも停戦に追い込まれました。その後、ドイツ皇帝ウィルヘルム2世がオランダに亡命して帝政が倒れ、新たに生まれたドイツ共和国は、11月11日に連合国と停戦協定を結び、戦争は終結しました。そして、翌年6月末のパリのベルサイユ宮殿での平和条約締結となります。

なお、当然ながら、第二次大戦が勃発するまでは、この戦争は単に、「世界戦争（World War)」や「大戦争（Great War)」と呼ばれていたわけです。

さて、国際連盟は、第一次大戦を法的に終結させる「ベルサイユ平和条約」の一部として作成された「国際連盟規約」を法的根拠とする国際機関です。戦争行為が終わるだけではなくて、法的にも政治的にも戦争が完全に終結に向かう「平和条約」の締結時点で作られたのです。ですから、少なくとも建前としては、国際社会の総意によって国際平和を志向した国際機関であったということができます。ここが国連と際だって違うところです。国際連盟には、国連における日本のように旧敵国扱いされた国はありませんでした。

第一次大戦の主要敗戦国はドイツとオーストリアです。国際連盟が発足するのは1920年1月ですが、オーストリアはその年の12月に加盟しています。

面白いのはドイツです。1926年に加盟しますが、なんと、まもなく常任理事国となったのです。当時の常任理事国は、イギリス、フランス、日本、イタリア。その後、敗戦国のドイツがいきなり大国の地位で迎えられたわけです。ただし、国際連盟にはもともと、国連の常任理事国に与えられるような拒否権という制度はありませんでした。

ドイツが常任理事国となった後、日本は満州事変で脱退し、ヒトラーの台頭でドイツも脱退。1934年にソ連が入り、常任理事国はイギリス、フランス、ソ連の3カ国となりますが、その後、ソ連も抜け、最後はイギリスとフランスだけになっています。

ちなみに、国際連盟はアメリカのウィルソン大統領の発案で発足しましたが、批准措置を執る際に、アメリカの上院で拒否されてしまいます。それが原因かどうかは定かではありませんが、ウィルソンは執務不能の病気に陥ります。常識的には大統領を辞任すべきなのに、秘書と奥さんが彼の名で執務した形を取った時期もあったという逸話も残っています。

その後、国際連盟は第二次大戦のあいだも存続し続け、解散したのは１９４６年4月18日です。国連の発足は１９４５年10月24日ですから、約半年も共存しています。これでは法的に継承関係があるはずはありません。

国連は国際連盟を継承したものであると思うのは大きな錯覚で、史実にも悖《もと》るし、設立の手法も違うのです。

26

「拒否権」はなぜ生まれたか

国連の目的は、主要戦勝国による新秩序の維持管理。五大国の合意なしには何ごとも決まらないのは当然である。

国連の安保理常任理事国すなわち五大国のもつ「拒否権」の問題について考えてみましょう。ややもすれば、拒否権は「大国の横暴」として不人気です。五大国から拒否権を取り上げるべきだという意見もあります。

もっとも、拒否権を廃止する提案をどこかの国がしたとしても、それこそ拒否権を行使されて実現しないでしょう。しかし、だからダメなのだといっているわけではありません。

拒否権制度がなぜ存在するのか、その原理、理由から考える必要があります。

理由は二つあります。ひとつは、大国一致の原則です。何度も述べているとおり、国連は、連合国側の主要国が第二次大戦後の新秩序を維持管理するために作られたものです。要するに五大国の合意を、すべての基礎にしています。現状維持という国連創設の理念からして、五大国の同意なしでは何事も決まらないようにすることが最も重要なのです。国連設立当時、アメリカの議会も、これを前提として批准をしています。

もうひとつの理由は、国際社会の原理にかかわる問題です。じつは、拒否権制度があるということは、国連に「多数決」制度があることが前提になっています。

現在、民主国家といえる国家の中では、多数決制度は当然のものになっています。何事かを決めようというときには、多数決で決めます。われわれの日常の感覚からしても、それが妥当な気がするでしょう。ところが、国際社会では事情が異なります。

じつは、国際社会に多数決の原理を取り入れたのは、国連が最初なのです。それまでの国際社会では、表決の原則は「全会一致」でした。ということは、一国でも反対すれば物事は決まりません。つまり、昔は、加盟国のすべてが拒否権をもっていたのです。国際連盟も全会一致方式でした。常任理事国にも拒否権などというものはありませんでした。主権国家なら、自分の意思に反することを投票で強要されることなど、絶対に認めないのが当然です。主権国家の属性から考えると、そのほうが自然です。

全会一致で会議を運営すればどういうことになるのか。それでは、何も決まらないではないか、という批判もあるでしょう。そこまでいかなくとも、物事を決めるに際し、非常に能率が悪く、時間もかかったのは確かです。多数国間条約の採決では、個々の条文を全会一致で承認できるまで、根気よく検討し、異議があれば納得がいくまで議論し、取引し、妥協して、ようやく結論を出す、というのが国際社会の行動原理でした。能率は悪いかもしれないけれど、こうして辛抱強く着実に地味に法秩序を作っていったのです。それが平和維持の知恵でもありました。主権平等の原則から見れば、むしろ合理的な制度だったともいえましょう。

それに反して、第二次大戦後の多数国間条約作りは拙速もいいところです。国連の多数決方式を機械的に採用してしまったので、不賛成だった国は釈然とせず、いつまでたっても真の法秩序にならないという例が続出しています。国連の多数決制度は、国際社会が十分に成熟する前に拙速に導入した疑いが濃厚です。多数決原理を拙速に導入したので、大国の現実的考慮から、重要事項に関する「限定的な拒否権」という歯止めが必要になったのです。

もっとも、これは国際社会に限った問題ではないかもしれません。国内の議会でも、もし、各議員がそれぞれの地域、階層、特権の代表としてそれのみの利益しか追求しなかったならば、多数決原理は導入のしようがありません。多数決は、各議員が、それぞれ背景にある利益を背負いつつ、全国の代表でもある、という意識が生まれてはじめて導入可能なものであるのです。

国際社会においては、それぞれが主権国家であることをやめて、全人類の代表であるという考えが確立されて、はじめて多数決制度は導入されうるのです。しかしながら、主権はいらないという国家、国民は、世界中のどこにもいません。国連での多数決の導入は、まことに時期尚早であったといわざるを得ないのです。

27

国連は戦争を否定していない

国連憲章は、４つの戦争を認めている。
これは、すべての戦争を認めていることと同じ。

多くの日本人には、国連は恒久平和を目指しているとの錯覚があるようです。そこまで考えていなくても、戦争を未然に防ぐために、紛争を調停して、けんかしないように説得していくのが国連だと思っている節があります。こうした錯覚は、国連の付属機関であるユニセフや国連大学等との混同もその一因になっているかもしれません。ここで述べている国連とは、国連本体のことです。

さて、実際には、国連は恒久平和を目指してはいません。先にも述べたように、国連は戦勝国が第二次大戦の結果を維持するために設立した組織です。これは勝者にとって、その地位を維持するためには都合のよい手法です。

国連は主権国家の集まるひとつのフォーラムであって、国家を超える権威はありません。主権国家としての加盟国の上を行く権威と実力と権限があれば恒久平和を実現できるかもしれませんが、そんな力があるはずもなく、そもそも、そのような発想もありません。加盟国の中でも、国連は頼りにならないと思っている国のほうがはるかに多いはずです。

そもそも、国連は戦争を否定していません。国連憲章には、すでに述べた「旧敵国」への武力行使のほかに、3つの戦争があります。

まとめてみると、国連憲章は、次の4種類の「国際的武力紛争」すなわち戦争を認めていることになります。

1. 国連自身の武力行使（第42条）
2. 加盟国の個別的自衛権（第45条）
3. 加盟国の集団的自衛権の行使（第51条）

4. 敵国条項による旧敵国への武力行使（第53条、107条）

国連では、安全保障理事会が国連の名義で、必要に応じて軍事行動をとることができるようになっています。しかも、その武力行使には、加盟国の軍隊を使用することができるのみならず、それ以上に独自の軍隊（常設国連軍）の使用も想定されているのです。

2と3に「自衛権の行使」とありますが、それが「自衛戦争」であるかどうかは、当事国が決めるとされています。さらに、旧敵国への武力行使です。もちろん、建前は、国際社会の平和と安全を脅かす脅威や侵略に対しての武力行使となっていますが、自衛のための戦争であったといえば、いくらでも正当化できるのが、国際社会の常識なのです。

つまり、これらを総合すると、どんな戦争も否定していないといえます。事実、第二次大戦後の70年間に戦争などの武力紛争をしなかった国は、国連加盟国193カ国のうち、日本などわずか8カ国だということです（2015年1月24日 日本経済新聞）。戦争にはどのような理由でもつけられる、というのが国際社会の現実です。

一方、第一次大戦後にできた国際連盟には、それ自身が武力行使するなどという発想すらありませんでした。そして、加盟国が勝手に徒党を組むことを認めなかったのです。国際連盟は、グローバルな世界的機関という建前を堅持して、純粋に加盟国間の協議の場に徹したわけです。この点、国連は初めから国際社会の細分化を公然と容認していることになるのです。

28

常設国連軍の挫折

国連は、戦争をする権利は国連にもあるとし、独自の戦力を保有しようとした。

国連憲章によると、国連設立の主要な目的は「第二次大戦後の国際社会の平和と安定をはかること」としています。そのため、国連は「常設国連軍」という独自の戦力を保有して、グローバルな「集団安全保障体制」を構築するといった壮大な構想を描いていました。国連常任理事国、つまり五大国の参謀総長などで「軍事参謀委員会」を構成し、各加盟国の割り当て部隊をもって常設国連軍を編成するという構想でした。

これは、あたかも国連が主権国家の上に位置する超国家的存在として、世界秩序維持のために自ら「交戦権」を保有したことになり、実現すれば歴史的に画期的な出来事だったに違いありません。ところが、早くも2年後の１９４７年には、その編成について大国間の交渉の時点で棚上げとなってしまいます。連合国の指導者たちのはかない夢は無惨に雲散霧消したわけですが、それは非現実的な理想主義の産物だったといえるでしょう。これには、次のような前提条件が想定されていました。

1．加盟国は自国の安全保障を現行の世界秩序に委ねること
2．具体的ケースでは、関係する加盟国に侵略の認定に合意する意思と能力があること
3．侵略国が常に国際的軍事力より弱体か、または孤立状態にあること
4．加盟国がその最も密接な同盟国をも制裁する用意があること
5．加盟国が自国の軍事力の使用に関して独自の決定権を放棄すること
6．国連における公開の討議が、伝統的な外交的手法よりも実効的な解決手段であると立証されること、です。

いずれも非現実的な想定というほかはありません。なぜならば、1．自国への忠誠心を捨てて、国連に忠誠を誓えるのか、2．侵略国が自衛戦争と主張したらどうするか、3．

相当の兵力を保有する中小国もあるではないか、4．同盟国に対しても厳格な対応ができるのか、5．自国の軍事力の裁量権を放棄する国があるのか、6．国連の公開討議が伝統的な外交の手法より優れた成果を得ているか、などの問題があるからです。

とはいえ、国連は超国家的な軍隊創設には失敗したものの、ごく初期の時代には、紛争に介入して種々の成果を上げています。1946年のソ連軍のイラン撤退、フランス軍のシリアとレバノンからの撤退、1947年のインドネシア独立支援、1948〜49年のイスラエル・アラブ諸国間の休戦状態の維持。これらはすべて安全保障理事会の功績といえるものです。

国連総会は、47年にはイタリアのアフリカ植民地を処分し、48年末には「世界人権宣言」を採択しました。また、パレスチナ分割案を支持し、1947年にはイスラエルの国連加盟を認めるなど、イスラエル国家の確立に貢献したのもほかならぬ国連でした。

しかし、その後の戦争で国連外交により解決されたものがいくつあるでしょうか。

1950年に始まった朝鮮戦争は国連軍によって沈静化されたといわれていますが、最終的に休戦に導いたのは、国連の功績というよりも、その枠外での大国間の外交交渉によるところが大きいのです。ベトナム戦争も、中東戦争も、湾岸戦争も、旧ユーゴにおける戦争も、肝心なところはいずれも国連の枠外で解決されており、国連はこれにお墨付きを与えたにすぎないのです。

国連憲章によると、国際的武力紛争解決のための最終手段は「安全保障理事会」に帰属するとあります。ただし、緊急事態に対処するためには加盟国による「自衛権」の行使が認められています。つまり建前のうえでは、戦争をおこなう権利は第一次的に国連（安保理）、第二次的に当該加盟国にあることになります。

ところが、国連が成立してから70年を過ぎた今日でも、その建前のごとく国連の第一次交戦権が発動された例はひとつもありません。すでに述べたように、朝鮮戦争は一見その建前に近いように見えるものの、実際にはアメリカの軍事行動が先行しており、国連は事後的に国連軍の体裁を整えたものにすぎないのです。こうして、国連自身による「集団的安全保障体制」は、まったく日の目を見ずに消えていったのです。

29 国連ＰＫＯの限界

ＰＫＯは、あくまでも平和維持活動。紛争を解決することはない。

常設国連軍の創設に失敗した国連は、その後、国連軍らしきものとして「ＰＫＯ（国連平和維持活動）」を構想しています。ＰＫＯとして派遣される各国軍隊は、俗に「ＰＫＦ（国連平和維持軍）」といわれます。わが国の自衛隊も、過去にはカンボジア、東ティモール、モザンビークなどに派遣され、また、南スーダン国際平和協力業務として派遣されましたが、自衛隊の海外派遣をめぐっては、日本国内ではたいへんな議論になっています。

ＰＫＯは、その名のとおり、「すでに停戦を合意している両交戦当事者のあいだで平和を模索するために国際的兵力を使用すること」といってよいでしょう。ここで重要なのは、ＰＫＯは「無から始める平和の創造」ではない、ということです。そして、「紛争を解決する」行為でもありません。

冷戦中には、国家間に武力衝突が発生しても五大国の対立により安全保障理事会が麻痺していたため、総会の決議により軍事組織を現地に派遣して、紛争や事態の悪化を防ぐ緩衝剤的活動をおこなうようになりました。この活動は、原則として受入れ国の同意や要請を前提としておこなわれ、紛争当事者に対し、中立、公正な立場をとることになっています。

ＰＫＯに使用される軍事組織は2種類あります。ひとつは、各国から提供される小規模部隊からなる「平和維持軍」で、停戦や、兵力の引き離し、武力解除等の監視・監督を主たる任務とします。軽火器を保有しますが、その使用は自己防衛の場合に限られます。もうひとつは、「軍事監視団」で、各国の高級将校からなる軍事専門家グループであり、数名ないし数百名と小規模です。任務は、停戦監視、違反行為の実地検証、査察等ですが、武器は持ちません。

冷戦終了後は、内戦にも介入するようになり、選挙監視や行政組織の再建支援、人道援助活動支援や暫定的統治も平和維持活動としておこなわれるに至っています。このため警察官や行政職員も派遣されることがあり、日本の警察官が現地で殺害されるという事件も起こっています。

ＰＫＯは、国連憲章に明示的な根拠のある制度ではありません。必要に迫られて、主に安全保障理事会の決議によって実施される、別個の制度です。

ＰＫＯは、ハマーショルド第2代国連事務総長の言葉を借りれば、「第6章半」の活動なのです。国連憲章の第6章（紛争の平和的解決　33条～38条）でもなく、第7章（平和に対する脅威、平和の破壊及び侵略行為に関する行動　39条～51条）でもなく、その中間であるという意味でしょう。しかし、だからといって、それは「国連軍」ではないわけではありません。憲章で想定した常設国連軍が幻と化したので、別種の国連軍なるものを作ったと理解すればよいのです。

いずれにしても、国連ＰＫＯは、休戦状態にある両国の間に割って入るだけで、勝ち負けの結果を作り出そうとするものではありません。単に、休戦状態の現状を維持させるものです。しかし、これは短期的には平和をもたらす効果があるかもしれませんが、長期的に見れば、何にもなりません。紛争は残ったままです。もし平和を作り出すことができれば、それはたいへんな功績ですが、国連にはできません。そもそも、国連も、その前の国際連盟も、恒久平和を作り出すために作ったわけではありません。その時点の現状を維持するだけの話なのです。

そして、もうひとつ忘れてはいけないのは、国連軍は、国連の名で武力行使をすることができるということです。スエズ運河地域の支配権をめぐるエジプトとイギリス・フランス・イスラエルの紛争に割って入った1956年の「スエズ戦争」がPKOの先例であり、これは成功例といえます。また、ベルギー領コンゴがコンゴ共和国として独立した直後の混乱、1960年の「コンゴ危機」では平和の執行を試みたが見事に失敗しました。こうして、すでに先例は少なからずあります。平和のためという名目で、国連はそれ自身で戦争をするのです。頭から、国連は平和の機構だと思い込んではいけないのです。

30

国連は「世界連邦」への第一歩か

将来、世界連邦が成立することがあるとしても、国連の延長として実現することはない。

わが国には、ややもすると、国連を強化し改良を重ねていけば、いずれは「世界連邦」になるのではないかという誤解があります。しかし、これほど筋の悪い錯覚はありません。仮に将来、世界的規模で単一国家が成立することがあるとしても、それは国連の延長として実現することはあり得ません。それは第二部の始めに述べた国連の「出生の秘密」に照らしてみれば明らかです。

国連は、第二次大戦の勝者側である「連合国」が、その軍事同盟をそのまま組織化したものにすぎません。国連は、「国家」のように、ある歴史を背負って自然にできたものではなく、また「国際社会」そのものでもなく、人工物であるひとつの「結社」です。そして、こうした理念のうえでも、単一かつ最上級の政治機関になる用意はまったくないのです。国連の実像は主権国家の集まるひとつのフォーラムであって、国家を超える権威もありません。すべてが加盟国間の合意に基づくものです。

それに、今日の世界には、「主権」意識が希薄になっていく兆候はまったくありません。国連は、設立のときの理念から見ても、現在における各加盟国の思惑から見ても、いつの日にか主権の全部または一部でも、国連に委譲する用意がある国はどこにもありません。今後も、各国による主権の主張は強くなっても弱くなることはないでしょう。各主権国家は唯我独尊で、その上には何もないのです。

この点は、ＥＵ（欧州連合）では事情が異なります。ＥＵは国連とはまったく関係なく、ひとつの共通政府を目指しているともいえます。たとえば通貨を統合したことは、通貨発行権という国家主権の一部を加盟国が移譲したことを意味します。もし、今後、徴税権や自衛権を移譲するようになれば、ヨーロッパ合衆国というひとつの政府にまとまる可能性もあります。しかし、それにしても、これはヨーロッパの国々がより大きなひとつの国にまとまろうということであり、国際社会が主権国家の集まりであるというフレームワークを変えるものではありません。また、そのEUも、イギリスが離脱するなど、大きな岐路に立たされていて、今後どうなるかわかりません。主権の委譲とは、それほど難しいことなのです。

しかし、国連があまり役に立っていないかというと、そうではありません。国連が、多数の加盟間で一般的な政治的了解を模索するための「常設的フォーラム」として機能していることは疑いのない事実で、それだけでも立派な存在意義があるといえます。

私は、国連は依然有用なものだと思っています。なにも国連でなくてもよいのですが、しかし国連のようなグローバルな、ほぼユニバーサルのように見える国際的フォーラム、それも常設的なフォーラムは、ないよりはあったほうがよいからです。

ニューヨークには、国連の加盟国はどんな小さな国でも常設の代表部を設置しています。世界にはワシントンに常設の大使館をもっていない国もありますが、国連の加盟国はすべて代表部をニューヨークに設置しています。つまり、いかなる国に対しても、国連という正式の場でも協議ができるし、ニューヨークの適当な場所で非公式かつ機動的に接触し、交渉や相談ができます。ないよりあったほうがよいのは当然でしょう。

ただし、国連にそれ以上のことを期待すると国家主権という厄介な問題が出てきます。国連は、多数国間の政策の「調整」、あるいは紛争解決のための「調停」を限度とすべきです。加盟国間の集団的政策の「決定」あるいはその「執行」などという大それたことは、この際断念するのが賢明なのです。国際社会の基本構造は「主権国家」の併存であり、その上を行く超国家的権威となるなどということは、しょせん筋の悪い夢物語だからです。

31

国の重要な問題を国連で解決できるのか

重大な国益にかかわる問題は、公開外交の場で議論して解決できるものではない。

国連における外交の手法は基本的に「公開外交」です。

この考え方は、第一次大戦末期にアメリカのウィルソン大統領が、世界平和のためには従来の「秘密外交」を打破して「公開外交」に徹するよう主張したことから始まります。

それが国際連盟設立の大義名分でもありました。

しかし、国際連盟における「公開外交」の原則は当初から大きくつまずいてしまいます。

公開の場で、多数の加盟国代表同士が議論するということは、典型的な「大衆討議」となるからです。大衆討議は大向うを意識した無責任な自己宣伝の応酬に陥りがちです。こうした場で、本音の議論などできるはずがないのです。

外交とは、主権国家の重大な国益にかかわる問題の駆け引きです。死活的問題ならば、双方が「極秘」の場で真剣勝負の末に結論を出すほかはない。つまり、外交の核心部分は必然的に公開外交の場を避け、国連以外の場でおこなわれることになるのです。

たとえば先進諸国間で定期的におこなわれるサミットは、首脳同士が集まって国際政治経済のホットな問題を協議する場です。ここでも、肝心な部分は、アポイントメントを取って、当事国間のみで秘密外交の手法に則っておこなわれます。

また、アメリカとロシアの間で長年にわたって続けられている核兵器やミサイルの制限に関する交渉も、国連とはまったく関係のないところで、二国間でおこなわれています。国の死活にかかわるような交渉に、国連における公開外交はまったくそぐわないのです。サミットも、国連が機能しないから、わざわざ作ったものです。

ただし、「公開外交」がまったく無意味というわけではありません。外交にも、主張、宣伝が必要な場合があります。国連のような場を使って、国際社会にアピールすることも有用です。それが国内向けのアピールにもなるという面もあるでしょう。

このように、外交とは本来の「秘密外交」と、その補助的手段としての「公開外交」とからなるのです。

そもそも外交交渉は、条約等として成った結論部分以外は、公表してはいけないものです。義務というよりも礼儀でしょう。最初から最後までおめでたい案件ならば交渉過程を公表してもいいかもしれませんが、そんなおめでたい案件など滅多にあるものではありません。外交は互いに遠慮なく話し合い、駆け引きの連続となります。それが、どういう過程を経て合意に至ったかを打ち明けることなどできません。後から調べようとしても、経過を記した文書や、草案なども、そうそうあるものではありません。

何でもガラス張りにすべきという意見もありますが、国益を守るために苦労している過程で、その議論が公開されてしまったら、それで話は終わりになってしまいます。いちいち公開していたら、何もまとまりません。

極端な場合、どうしてもその案件をまとめなければならないときには、外交官はお互いに本国政府をだましてでもまとめる、ということさえ起こりえます。もちろん、与えられた裁量の範囲内ぎりぎりでまとめるのですから、大きな責任を伴います。駆け引きも、打算も、妥協もありますが、最後は外交官同士の、あるいは国同士の信頼関係ということになるでしょう。ＴＰＰや沖縄の基地問題などでも、背後にどれほど激しい駆け引きがあったことかは、想像に難くありません。

32

日本が抱える危機に国連は応えられるか

国連は、国家間の紛争に関して無力である。調停や仲裁は、相手がその席に着かなければ成立しないからである。

日本には、周辺諸国との間に、尖閣列島、竹島、北方領土といった領土問題が横たわっていますが、双方が領有権を主張するばかりで、解決の糸口は見えません。

尖閣列島はずっと日本の領土でしたし、敗戦後アメリカも「日米安保条約」の適用地域であると認めています。ですから、中国が領海に入るような動きを見せたときには追い払おうとするのは当然のことです。中国はただちに事を荒立てようとの覚悟は決めていないので、「日本の領土と主張しているけれど、異議あり」という態度を取っているわけです。竹島は、敗戦後の占領期間中に、韓国が侵入して実効支配を始めました。主権を回復していなかった日本は、即マッカーサーに訴えて実力行使をしてもらっていたら、こんなことにはならなかったでしょう。

北方領土はどうでしょうか。アメリカは、先の大戦の末期にソ連の速やかな対日参戦を促すために、「ヤルタ協定（1945年2月11日調印）を締結しました。そして、その代償の一部として、無条件で「千島列島はソ連に引き渡す」と約束し、さらに、ソ連の要求が「日本国の敗北した後に確実に満足されることに合意した」と保証しています。

ところで、日本が国後・択捉両島を固有の領土として、千島列島からの除外を主張し始めたのは、じつに東西両陣営対立が激化したころで1950年代半ばです。したがって、アメリカは日本の主張を支持するわけにもいかず、黙っているのです。

こうした問題について、国連という場で調停に持ち込めばよいと考える向きもあるようですが、それはあり得ません。そもそも調停は、相手がその席に着かなければ成立しません。双方が自国の領土を主張して譲らない領土問題は調停の場に出ることがないわけです。竹島問題についてわが国は、過去に3度も「国際司法裁判所」へ付託することを提案してきましたが、韓国はすべて拒否しています。

参考になる事例として、フィリピンが南シナ海での中国の覇権について「仲裁裁判所」へ提訴しました。ここは、国際海洋法裁判所や国際司法裁判所と違い、相手方の当事国が拒んでも手続きを進められるからです。そして、フィリピンの主張が完全に認められましたが、中国はこれを無視しています。何の強制力もないので無視できるのです。

また、領土問題のようにきわどい問題は、必ず常任理事会にかかります。しかも五大国には拒否権があります。ここで一国でも反対すれば、それで雲散霧消してしまいます。国連は合議体にすぎないことを認識して、国として粘り強く主張していくほかないのです。

北朝鮮の核開発問題も同様です。「核拡散防止条約（NPT）」は1963年に国連で採択されたものです。北朝鮮はいったんこれに加盟しましたが、その後、脱退宣言を繰り返し、2017年現在も事実上、脱退している状態で、核実験を重ねています。これに対して国連は非難決議を繰り返すばかりで、有効に対応できていないことは周知のとおりです。もし北朝鮮の核開発を思いとどまらせることができるとすれば、それは国連ではなく、大国の圧力でしょう。

では、テロはどうでしょうか。テロと戦う国連軍は可能かというと、何でも合意すれば可能ですが、実際上、そうした国連軍はできないでしょう。現に、各国の軍隊が独自に対応しています。たとえばＩＳ（イスラミック・ステイト）は、勝手に「国家」を名乗っていますが、国家ではなく、ただのならず者集団です。もちろん、国連に加盟しているわけではありません。ですから、国家の集合体である国連は、本質的にテロ組織には関わりようがないのです。安全保障理事会でテロ批判の決議をしていますが、できるのはその程度のことです。

要するに国連は多数の主権国家の合議体でしかなく、それを束ねてひとつの意思を形成し、それを執行できるかというと、できません。そのようなものを作るメカニズムもありません。現実の紛争などには国連は関わりようがないのです。

正義の味方のように擬人化して幻のような絵は描けるかもしれませんが、それはしょせん幻です。

III

自衛隊と憲法の根本問題

33

世界に類例のない日本の「安保法制」

国防に細かな法律が必要になるのは、自衛隊が警察的性質を備えているからである。

２０１５年９月、平和安全法制関連二法、いわゆる安保法案が国会で可決、成立し、２０１６年３月に施行されました。安倍政権が「日本を取り巻く安全保障環境が変化し、一層厳しさを増したため」として成立させたものです。この法案は、「自衛隊法」など既存の10の法律を一括して改正する「平和安全法制整備法」と、新たに、海外で自衛隊が他国軍を後方支援する「国際平和支援法」を制定するもので、その核心は、これまでわが国は保有しているが憲法上、行使できないとされてきた「集団的自衛権」を、限定的にも行使できるようにした点にあります。

戦後日本の防衛政策の転換点ともされる法案の成立でしたが、このときの「安全保障論議」を私は推進派に対しても、反対派に対してもある違和感をもって聞いていました。なるほど、同法は極めて精緻な構成と文言になっていますが、ここで根本的な問題は、なにゆえに、わが国では、そのような立法が必要になるのかということです。

世界の各国が「安保法制」に類似するような細かな法律を定めて軍隊を運用しているかというと、まったく違います。世界各国を見回してみても、このような類例は皆無です。

なぜ世界に類例がないのか。答えは簡単で、世界各国では自国の防衛は軍隊の任務で、警察の任務ではないからです。わが国においても、もし自衛隊が「軍隊」であったならば、今回のような法制はいっさい必要ありません。すなわち、憲法に「国防のために自衛隊を置く」と一言書いてあれば、それで済む話なのです。

どういうことか、ここでは簡単に説明しておきます。

国際的標準となっている「軍隊」は、一個の「国家機関」として、行政、立法、司法と並んで独自の「権能（Power）」をもちます。これに対して、「警察」は一個の「行政機関」

にすぎず、与えられた「権限（Competence）」しか行使できません。つまり、国家権力の中の位置づけに大差があるのです。

それにともなって、「権限付与」の方式がまったく異なります。警察は行政機関であるため、任務、権限はすべて国内法に明記されています。警察官は法律に記されていること以外は何もできませんし、してはいけません。

これに比して軍隊は、国際法（戦時法規）によって明示的に禁止されていること以外は、必要な行為を無制限におこなうことができます。それは伝統的な国際法が認めているところです。そうでなければ、何が起きるかわからない戦場で必要な対応がとれないからです。各国は、原則、自由な軍隊を政治的にどのようにコントロールするか、いわゆる「シビリアン・コントロール」、正しくは「ポリティカル・コントロール」を厳格に施していますが、これらについてはあらためて述べます。

ところが、わが国の「自衛隊」は国防上の必要に対応する機関でありながら、法制上、警察の延長として設置されたものであるため、一見、軍隊のようでありながらも、今回のように、行政機関に対するようなこと細かな法律が必要になってしまっているのです。これはポリティカル・コントロール以前の問題です。わが国では、およそ自衛隊の活動については、すべて「法律」の根拠を必要としています。またその法律の解釈にあたっては、何でも制限的に解釈されることが当然とされています。それは、政府の国会答弁、統一見解を見ても一目瞭然です。すなわち、法制上、自衛隊は「国家機関」としての「軍隊」になっていないのです。

自衛隊の海外派遣についても、政府はこれまで、たとえばインド洋での他国の軍艦への燃料、水の補給支援を可能にする「テロ対策特措法」や、イラク再建のための人道復興支援や安全確保支援をおこなう「イラク人道復興支援特措法」など、自衛隊派遣の必要が生じるたびに、その都度「特別措置法」という期限付きの立法措置によって対処してきました。今回の安保法案は、それを「恒久法」の制定によって手続きの簡略化をはかったようです。

しかし、それでは、従来の「泥縄式」手法を多少は改善することになるでしょうが、抜本的な解決にはなりません。なぜならば、自衛隊は依然として、法制面で「警察的体質」をそのまま残しているからです。いわば、国際社会の常識である「警察と軍隊の峻別」の原則に反しているのです。この根本問題を置いたままの、本質をはずした議論はピンぼけの議論といわざるを得ません。

34

「安全保障」という呼称のいいかげんさ

「国防」を「安全保障」と言うようになったときから危機感のない日本の無責任体制が始まった。

安全保障論議について、もうひとつ違和感があるのは、この「安全保障」という言い方です。

わが国では、国の「防衛（defense）」や対外的な非常事態について議論する際に、なぜか「安全保障（security）」という語が使われます。これは躓《つまづ》きの元になる言い方です。

そもそも字義からして「保障」とは、誰かが他の誰かのためにする行為です。警備保障会社が顧客の会社や自宅などを守る際に使う呼称です。アメリカが日本の安全を「保障」するという意味ならわかりますが、日本が自国を守ることは「国防」または「防衛」であって、「安全保障」ではないはずです。

これについては、第一部にも登場したサー・ルパート・スミスが、『軍事力の効用』（2005年）で次のような核心を突いた指摘をしています。

国防政策と安全保障政策とは峻別せねばならない。「国防政策」は、国家の存亡にかかわる絶対的責務である。「安全保障政策」は、その他の事態にかかわる低位の責務である。

「国防（defense）」とは、自国の存亡にかかわる緊急事態に、自ら国を守ることです。一方、「安全保障（security）」は、他国との軍事協力とか、国連などからの要請に応える軍事行動などです。この2つの責務は、明確に区別すべきものです。事の軽重を間違えてはいけないと、ルパート・スミスは指摘したわけです。さすがは、高度の知性を持つ軍人といわれた人の洞察力です。

ところが、わが国では、他国からの武力攻撃への備えについて、一様に「安全保障」の語を用いています。この2つがまったく区別されないだけではなく、彼の言葉を借りれば、より低い責務の呼称で、重大な危機にも対処しようとしているわけです。

そもそも、「セキュリティ」と言った時点で、危機感が一気に薄れます。国防は、安全保障というような暢気《のんき》なものではありません。これは、日本人がいかに問題の本質を理解していないかということの象徴のように思えます。国防というと血なまぐさいイメージがあり、ドキッとするが、安全保障というと安心感があってニコニコする。そんな無責任な感覚があるようです。

自分でできるかぎりのことはやって、それで足りないことを人に助けてもらうというのが理の当然であって、それを省いて、いきなり「安全保障」というのはいかがなものか。日本の「安全保障」という感覚は、外国からすれば独善的に見えるはずです。どうして自分でやらないの、というわけです。それは日本にしてみれば、セキュリティは大切でしょう。しかし、受ける側が「安全保障」という語を使うと、自らの安全を他国に頼り切っているように見られても致し方ありません。

これまで、安全保障という名称について誰も問題にしたことはなかったと思います。世論に染みついてしまっていて、誰も意識して議論することはなかったわけです。これは、とても不思議なことです。

安全保障という言葉を使い始めたのは、「日米安全保障条約」を作ったときです。「日米安全保障条約」については項を改めますが、これは世界の軍事同盟の常識から考えると、非常におかしな条約で、適用地域が日本の施政下の領域に限定されているのです。つまり、アメリカは日本に助けてもらわなくてもいいというものです。「安全保障」という言葉がこの条約に端を発するものであることは、その後のわが国国民の「国防」意識の問題を象徴しているように思えます。

ちなみに、アメリカが結んでいる条約で「安全保障条約」という呼称をもつ条約は、日米安保条約のほかには、アメリカが、オーストラリア、ニュージーランドとの間で結んだ「太平洋安全保障条約（ＡＮＺＡＳ条約）」（１９５１年）だけです。この条約の目的は、サンフランシスコ平和条約によりまもなく独立する日本を念頭に、「日本の再侵略に対する保障」としての条約でした。わが国にとってけっして気持ちのいい条約ではありませんが、ある意味では「安全保障」という語の正しい使い方をした条約名ともいえそうです。

35

「日米安保」出生の秘密

日米安保条約は、占領政策の延長として作られた。

敗戦後、わが国はアメリカを中心とする連合国軍（ＧＨＱ）による約7年間の占領をへて、１９５１年9月8日にサンフランシスコ平和条約に署名し、独立を果たしました。すでに述べたとおり、平和条約というのは、戦争状態を法的に完全に終了させる手続きです。じつは、日米安保条約は、占領政策の延長として作られたといって過言ではありません。

わが国は、このサンフランシスコ平和条約を署名した日に日米安保条約にも署名しています。署名によって条文が確定し、翌52年4月28日にサンフランシスコ平和条約も日米安全保障条約も、同じ日に発効しています。つまり、サンフランシスコ平和条約と日米安全保障条約はセットなのです。この事実を指摘すると、多くの方が知らなかったといって驚かれます。が、この事実を日本人がほとんど認識していないことのほうが驚くべきことなのです。

当時のわが国に軍隊といえるものはなく、事変や暴動に備える治安警察隊としての「警察予備隊」しかありませんでした。それでも、国際法上、軍事的空白が生じると危険なので、つないだわけです。占領期間中に日本を他国の脅威から守るのは当然として、独立した後に日本の防衛はどうするかという問題が生じました。そのとき、アメリカのほうから、「お困りでしょ、助けてあげますよ」という感じで提案されたのが日米安全保障条約だったのです。

物理現象や自然の秩序は空白を嫌います。空白地帯にはそれを埋めようとする運動が必ず起きます。国際情勢もそれと同じで、空白があると必ずおかしなことが起きる。それを埋めようとする何かが起きます。だから、空白は埋めておかなければ大変なことになる。それを知ってか知らずか、アメリカが安保条約を作ってくれたわけです。

こうして占領の延長として作られた日米安保条約ですから、その効力の範囲は「日本国の執政の領域」となっているのです。1960年に改定されて、いわゆる「新安保条約」となり、それまでの片務性から、お互いに助け合う（双務性）ということになりましたが、地域を限定していることに変わりありません。ですから、いまだに、たとえば尖閣諸島は日米安保条約の適用範囲であることが確認された、などといった報道がなされたりするのです。共同防衛の範囲を片方の国の領土、領海に限っている条約は、世界でこの日米安保条約のほかにありません。まことに特異な条約です。

アジアでアメリカと軍事同盟を結んだ国は、韓国、フィリピン、台湾とありますが、それぞれ「米韓相互防衛条約」「米比相互防衛条約」「米華相互防衛条約（1979年失効）」という名称で、適用地域も太平洋や西太平洋地域とされています。相互ですから、これらの地域でお互いに助け合いますという条約です。アメリカ側からしたら太平洋地域でのセキュリティですが、たとえば韓国側からしたらディフェンスとなっているわけです。

日米安保条約と切っても切り離せないのが、米軍基地問題です。戦後70年をへて、わが国にはなお膨大な面積の米軍基地があり、5万人以上の米兵が駐留しています。この規模は世界で最大クラスです。その駐留経費は2016年度で7600億円ほど（読売新聞

２０１６年11月16日報道）と、２位のドイツや韓国の１０００〜２０００億円を大幅に引き離して、世界で断然トップです。アメリカとの同盟関係は強固なものでなければなりません。しかし、これだけの長期にわたり、これだけ大規模な外国軍の軍事基地が存続していることは、独立国家として妥当であるのか、わが国の防衛や東アジアの安定にとって必要欠くべからざるものであるのか、再検討すべきでしょう。

いずれにしても、敗戦により日本は占領されて、実質的にアメリカの属国でした。そこまでは仕方がないことだったでしょう。しかし、その後がいけなかった。独立を果す際に、憲法を見直し、一定の範囲内での相互防衛の条約を目指すべきでした。そのタイミングであれば、周辺各国もむげに反対できなかったでしょう。この逸機はかえすがえす悔やまれます。

36

軍隊と警察の本質的な違い

軍隊と警察の違いを知ると、自衛隊がいかに奇妙な組織であるかが浮き彫りになる。

「自衛隊」の問題を考える前提として、そもそも「軍隊」とは何かを、「警察」との比較において主要な相違点から見ていきたいと思います。

近代国家には、通常、2つの合法的な武装集団として、「軍隊」と「警察」があります。近代の法治国家においては、軍隊と警察とは法的にも完全に分離されています。しかし、いずれも実力行使ができる組織であることから、混同が起こりがちです。その典型が自衛隊なのです。したがって、日本の制度は参考になりませんので、軍隊と警察の違いを国際標準で説明します。

第一に、国家権力の内部での位置づけが全然違います。「軍隊」は、半ば自律的なプロ集団で、時の政権から、ある種の距離を置いています。必ずしも政府自身と同一性をもたない、一定の距離を保っている特異な組織で、政府と軍隊との間には、微妙な関係が存在することになります。したがってこれを統制することが必要となります。その仕組みを「政治的統制（ポリティカル・コントロール）」といいます。しかし、その政治的統制が有効に機能しない場合がある。これが「クーデター」です。つまり、軍隊には構造的に、クーデターを起こす可能性が常に秘められているのです。

これに対して、「警察」は政府と一体で、警察は行政機関のひとつです。政党政治の場合、政府与党の党利党略に直接結びつかないように、制度上若干のクッション（行政の中立）が設けられていますが、警察は時の政権そのものと考えて差し支えないでしょう。したがって、警察に対しては特別の「政治的統制」の必要はなく、クーデターの危険も構造的にありません。世界の歴史を通じて、警察が時の政権に反乱を起こした例はないことはありませんが、非常に稀です。

第二には、権限の規定の仕方に重大な差異があります。これについてはすでに触れましたが、「軍隊」の権限は「ネガ・リスト」方式で規定されます。ネガ・リストというのは、これだけはしてはいけない、これは禁止されるという項目が列挙されたものです。つまり「原則自由」「原則無制限」であって、戦時国際法によって例外的に制限されることがあるという考え方です。軍隊は軍事上の必要に応じて、未知の土地に出かけていって活動せねばならないことがあります。また、自国内で侵略に対する自衛のための武力行使であっても、平時の法秩序がいつの間にか一時停止に陥り、それが戦時の法秩序に置きかえられてしまいます。したがって、平時の国内法でがんじがらめに拘束されていない組織でないとものの用に立ちません。どこでも通用する権限を当然にもっていて、軍事的必要に応じて柔軟に対処できるものでなくてはなりません。

他方「警察」の権限は、「ポジ・リスト」方式です。ポジ・リストとは、してよいこと、しなければならないことが列挙されたリストです。つまり、「原則制限」の考え方です。軍隊の作用は原則として国民に直接向けられることはありませんが、警察の作用はまさに国民に向けられます。国民たるもの、警察という公権力にむやみに規制されてはたまりません。警察の権限は、国内法によって厳格に制限し規制されているのです。

第三としては、権限の行使の目的がまったく異なります。「警察」は、その国家の領域内に所在する人に対して向けられています。自国の領域の外では活動できません。仮に国外でそのような活動をすれば、他国の主権を侵害することになります。これは、国際法上重大な違反行為であり絶対にあってはならないことです。したがって、技術協力や捜査協力ならばいざ知らず、公権力行使を想定する警察の海外派遣ということはあり得ません。

「軍隊」の場合、国家の防衛という機能が向けられるのは他の国家です。したがって、軍隊の活動・機能・作用を法的に規制するのは、もっぱら国際法ということになります。軍隊の活動が想定される地域には、原則として制限はありません。地球上どこでも、宇宙空間でも、サイバースペースでも活動することができます。

なぜなら、国外であっても国内であっても、外国との間に武力紛争が起これば、自動的に「戦時国際法」が支配するからです。もはや、「平時国際法」のいう主権侵害という問題は起こりません。せいぜい政治的あるいは道義的な次元の「侵略」という問題があり得るだけなのです。

37

「自衛隊」の根本問題

世界で唯一、「行政機関」として作られてしまった自衛隊。

わが国の「自衛隊」は、前項に述べた国際常識としての「軍隊」から大きく逸脱したものになっています。それを知ってか知らずか、歴代の政府も、「自衛隊は軍隊である」と言ったことは一度もありません。

では国際社会が自衛隊をどのように見ているかというと、当然に軍隊であると見なしています。日本の国内法でいかに規制されていようが、自衛隊は普通の軍隊として遇されています。「交戦権」は、個人にとっての「人権」に匹敵するもので、国家にとっては恣意的に放棄しえない固有の権利だからです。したがって、日本国憲法に何と規定しようとも、国際社会は「交戦権」の否認を字義どおりに受け取っておりません。日本が自己規制をするのは勝手ですが、世界は、自衛隊に対して、「交戦者平等の原則」の適用は当然であると考えています。これは「戦時国際法」の大原則です。国連ＰＫＯでも、こうした前提に立って自衛隊の派遣を要請し、また、受け入れています。すなわち、自衛隊が国際法上の軍隊であることはもはや疑いのないことなのです。

ここで問題は、わが国の国内法では、自衛隊は本当に軍隊にふさわしい法的構造を与えられているのかどうかという点にあります。答えは遺憾ながら「否」なのです。

最大の問題は、わが国は自衛隊を「行政機関」として作ってしまったことです。

自衛隊を定義する自衛隊法第２条では、自衛隊とは防衛大臣、防衛副大臣、事務次官、内部部局、統合幕僚監部、陸上自衛隊、海上自衛隊、航空自衛隊、等々、防衛省をそっくり含んで、それと同質の組織となっています。つまり、自衛隊の部隊も、行政機関の一部として存在しているのです。つまり行政機関の基本的な法体系を機械的に適用されるので、その権限は、これまでも述べてきたようにポジ・リスト方式になっています。したがって、何が起こるかわからない非常事態に対応するには適当でない法体系になってしまいました。

軍隊は、国際社会において、その存在自体が「主権の体現ないし象徴」となり、国防上必要があれば、主権の発動として武力を行使する組織です。したがって、軍隊は一個の「国家機関」として、行政・立法・司法のいわゆる三権と並立して存立します。いわば第四の権力というと極端ですが、第四の権力のようなところに位置づけられます。つまり、政府とは別物なのです。それゆえに、「政治的統制（ポリティカル・コントロール）」という特別な制度に服することになるのです。

ちなみに、現代の国際社会では、軍隊が「国防省」などを通じて行政府の中に、ある意味で組み込まれている例は少なくありません。それこそが、政治的統制の典型的な例です。しかし、自衛隊は、行政府に組み込まれているのではなくて、行政機関そのものとなっている疑いがあるのです。

さらに、軍隊の組織構造については少々複雑な事情があります。軍隊には「軍令（オペレーション）」と「軍政（アドミニストレーション）」との2つの側面があることです。肝心の作戦や戦闘をするのは軍隊本体としての軍令部門です。この軍令部門はまさに政府と別物ですが、予算や人事などの軍政部門は行政機関の国防省などの権限に属し、それを所掌する大臣が責任を負います。このことを軍隊の「二弁的構造」といってもよいでしょう。

ところが自衛隊は、この二弁的構造に欠けていて、すべてが行政機関の「防衛省」に一体化し従属しています。軍令の長までを、軍事の専門家とは限らない防衛大臣が担います。本来の二弁的構造からすると、軍令の長は防衛大臣の下にいてはいけないのです。極端にいえば、防衛大臣の言うことを聞いてはいけないし、総理大臣の言うことも聞いてはいけないのです。そうした二弁性でなければ軍隊は本来の機能を発揮できません。

日本でどうしてこのような構造のまま放置されてきたのか。これは、はっきりいえば、アメリカに守ってもらっているという甘えの中で起きている問題です。自衛隊がどのような構造になっていても大して困らないということでしょう。もし、将来、アメリカが日本の防衛から手を引くことになったら、どうするのでしょうか。日本はその用意がないだけでなく、軍隊におかしな構造を抱え込んだままなのです。

世界中のどの国でも、軍隊を行政機関の一部にしている国はありません。そんな非常識なことをするはずがないのです。そのことに気づいていないのは悲劇というほかありません。

38

軍隊に対する政治的統制

軍隊と一般社会との間には、歴史的、宿命的緊張関係がある。

世界の歴史を通じて、「軍隊」は、その一般社会の中で常に特異な地位を占めてきました。これは文明論の面白いテーマですが、まだ十分に解明されているとはいえません。

政治権力のあるところには、必ず統治機構があります。統治機構の原始的段階では、種々の機能は未分化であったでしょうが、しかしながら、それには必ず武装集団が含まれていました。他方、国家権力の他の部分、行政・司法・立法などの諸機関が分化して整備されたのは、それより後のことです。こうして、いつしか国家権力は、「軍事（ミリタリー）」と「文民（シビル）」からなる二弁的構造となりました。

そして、「軍隊」と一般社会との間に、歴史的に、特異な関係が生み出されたとして、「オックスフォード法学便覧」は、次のように記述しています。

いかなる社会にも、文民当局と軍事力との間には潜在的な対立がある。そして、歴史を通じて、しばしば軍事力は、文民政府を支援したり転覆したり、イデオロギーを奨励したり抑制したり、領土を防衛したり併合したりするために使用されてきた。基本的には共通の敵に対抗して協力するときでさえ、防衛または攻撃の方策については、文民と軍隊のそれぞれの指導者の間には、しばしば紛争が見られた。

こうして「軍隊」は、その任務と組織原理の特異性により、一般社会から宿命的に分離され、疎外される要因を当初からもっているのです。一般社会と「軍隊」との間には宿命的にある種の緊張関係が生じます。ですから、一般社会は、特異な部分社会である「軍隊」を常にチェックせざるを得ません。なにしろ、軍隊は軍事力という組織的暴力を合法的に具備している恐るべき集団です。銃口はどちらにも向けることができます。当然、一般社会は、特に時の政権は、この厄介なプロ集団を常にチェックする仕組みを必要とします。国家機関でありながら政府の統制に全面的に服すとは限らない軍隊には、特別の「政治的統制（ポリティカル・コントロール）」の仕組みを考案するほかはありません。そうでなければ、政府の体をなしません。統治能力がないことにもなりかねないからです。これが「政治的統制（ポリティカル・コントロール）」の生まれた背景です。

不幸なことに、日本ではポリティカル・コントロールという言葉がはやらなくて、アメリカの呼称であるシビリアン・コントロールという言葉を輸入してしまいました。シビリアン・コントロールは事務官僚（文官）による軍人の統制のように誤解されていますが、アメリカでもそんな意味はありません。シビリアンなどという言葉を使ったからいけないので、いうならばシビルです。政府はシビルの機関です。軍隊はミリタリーです。暴走を止めるのは政治機関、シビルです。事務官僚による統制などあり得ないことです。

ヨーロッパ諸国はポリティカル・コントロールという言葉を使っています。たとえばフランスのド・ゴール大統領は、自分は軍人ですけれども、政治的職務についたら、軍に対する政治的コントロールということを常にやかましく唱えました。そして軍に対しては極めて厳しく待遇したのです。

警察は、行政府の一部局、つまりひとつの「行政機関」です。時の政府の「身内」です。したがって、その統制には行政府部内の規律で十分であり、特別の統制は必要ありません。

ところで、国家権力あるいは国家主権は、行政権、立法権、そして司法権の三権からなると一般にいわれています。しかし、その三権をすべて足しても、国家主権の全体とはならないことは容易にわかることです。その三権は国家権力の内政上の主要な側面を分類しただけのことであり、対外的な側面が欠落しています。その最たるものが「交戦権」（自衛権）です。これがすっぽり抜けています。そして、その任務を担う機関が「軍隊」です。

このような誤解は、モンテスキューの『法の精神』の誤解・誤読・誤訳から生じたものと思われます。これはフランス語の文献ですが、モンテスキューはじつは「三権」しかないとは言っていないのです。国家権力の代表的な側面は「三権」であると言っているだけです。また、「分立（division）」という言葉も使っていません。「分離（séparation）」と言っているだけです。英訳本でも通常 separation の語が使用されているのです。

39

日本国憲法における「平和主義」

憲法第9条1項の戦争放棄や平和主義は、多くの国の憲法に謳っている、ありきたりの条項である。

国際社会における戦争の「違法化」、正しくは自衛戦争とそうでない戦争との「区分」の歴史を背景に、日本国憲法において、「平和主義」がどのように位置づけられているかを見てみましょう。

まず、日本国憲法第9条の全文をここに提示しておきます。

第9条　日本国民は、正義と秩序を基調とする国際平和を誠実に希求し、国権の発動たる戦争と、武力による威嚇又は武力の行使は、国際紛争を解決する手段としては、永久にこれを放棄する。

2　前項の目的を達するため、陸海空軍その他の戦力は、これを保持しない。国の交戦権は、これを認めない。

さて、ここでは、2つの項目にまとめてありますが、日本国民には、3つの課題が与えられていることになります。すなわち、第1項で（1）戦争の放棄、そして第2項で（2）戦力の不保持および（3）交戦権の否認です。この3つの課題を分析してみましょう。

1．戦争の放棄

戦争を放棄するのですが、それには、「国際紛争を解決する手段としては」という修飾句がついています。これは放棄すべき戦争と、その他の戦争とを仕分けするのでしょうか。文明論の見地からいえば、そのような仕分けは自明のことではありません。自明どころか、仕分け自体がナンセンスということは、ここまでしばしば述べてきたところです。

しかし、現代国際社会の法秩序では、どうなっているかというと、じつは、そのような戦争の仕分けが今や常識となっているのです。

それは、1928年に成立した「戦争放棄に関する条約（不戦条約）」から始まりました。この条約の当初の締約国は、ドイツ、アメリカ、ベルギー、フランス、イギリス、イタリア、日本、ポーランド、チェコスロバキアなど15カ国です。

その第1条には、「締約国は、国際紛争解決のため戦争に訴うることを非とし、その相互関係において国家の政策の手段としての戦争を放棄することをその各自の人民の名において厳粛に宣言す」と規定しています。

先に述べたとおり、アメリカが、この条約により放棄する戦争には、「自衛戦争」すなわち自衛権の行使は含まれないという解釈を明らかにして、イギリスとの間で合意しました。その他の締約国にも異議はなかったので、今や国際社会の標準的な解釈と見なされています。

なお、先の第二次大戦では、戦局は欧州戦域と中国・太平洋戦域とで複雑な経緯をたどりますが、不戦条約の適用問題が浮上した例は事実上なかったと見てよいでしょう。つまり、すべてが自衛戦争で「国家の政策の手段としての戦争」ではなかったということなのでしょうか。それほどに、戦争の仕分けは無意味だったのです。

日本国憲法第9条の第1項も、その文言は「不戦条約」に沿うものです。それゆえ、自衛権の行使、すなわち「自衛戦争」はこれに含まれないと解釈してもまったく問題はありません。むしろ、国際社会では特に新味もなく、ありきたりの規定となっているのです。

諸外国の憲法には、たとえば、イタリアは「他国民の自由を侵害する手段としての、および国際紛争を解決する手段としての戦争を放棄し」と謳い、ハンガリー共和国では「国際紛争を解決する手段としての戦争を放棄し、他の国家の独立または領土の保全に対する武力の行使および武力による威嚇《いかく》はおこなわない」としています。お隣の韓国でも「大韓民国は国際平和の維持に努力し、侵略戦争を否認する」とし、フィリピンでは「国策遂行の手段としての戦争を放棄し」とあります。

戦争放棄や平和主義については、文言の違いこそあれ、多くの国の憲法に謳われていて、憲法に謳っていない国はむしろ少数派なのです。

40

憲法9条2項の大問題

「戦力の不保持」は自衛隊の存在と矛盾し、「交戦権の否認」は主権を自ら放棄するものである。

憲法第9条の、問題の第2項について見てみましょう。

2．戦力の不保持

第9条第2項の冒頭には、「前項の目的を達するため、陸海空軍その他の戦力は、これを保持しない」とあります。では、現行の「自衛隊」はどうなるのでしょうか。

自衛隊には特異な来歴があります。1950年に朝鮮戦争が勃発すると、GHQの指令にもとづいて、国内の治安維持のために「警察予備隊」という武装集団が創設されました。その後、52年に「保安隊」と名称を変えて、54年7月1日に現在の「自衛隊」となります。つまり、自衛隊の創設は、「対日平和条約」が発効してわが国が主権を回復した1952年4月28日より後のことなのです。

そして、「自衛隊設置法」には、第3条に、「自衛隊は、わが国の平和と独立を守り、直接侵略及び間接侵略に対しわが国を防衛することを主たる任務とし、必要に応じ、公共の秩序の維持にあたるものとする」としています。まさに軍隊の任務そのものです。

にもかかわらず、現行の自衛隊は警察と並んで行政機関となっているのです。「自衛隊は憲法に違反する」という議論の前に、そもそも自衛隊は軍隊としての法的位置づけを得ていないことを問題にすべきでしょう。真正の軍隊は「行政機関」ではありません。もっと上位に位する「国家機関」でなければ、国際社会の常識に反しますし、実際に機能しません。しかし、この点を修正するには、憲法の改正しか方策はありません。出生の秘密は宿命として残るものです。また、大につけ小につけ、自衛隊には警察的体質が多すぎます。いちいち修正するには重すぎる課題といわざるを得ません。

3. 交戦権の否認

交戦権の否認は、第9条第2項の中に、唐突に挿入された異質な文言との印象を免れません。しかも、交戦権の否認を自らの憲法で謳うというのは、大変な問題です。しかし、不思議なことに世間では不問に付されてきた観があります。現実に自衛隊が戦争をすることはないだろうという思い込みから、これが放置されてきたのでしょう。

また、この簡潔な文章には、同じく9条2項の「戦力の不保持」の規定とは異なり、「前項の目的を達するため」という修飾句からは、明確に切断されているのです。したがって解釈を変更して柔軟に対処する余地はまったくありません。

たとえば、敵国の軍隊が侵入してきた場合を想像してください。これに対抗する味方の軍隊も義勇兵の組織もなくなって、普通の住民グループが愛国の至情に駆られて、自発的に戦う場合です。このような場合でも彼等が属する国家、すなわち日本の「交戦権」の発動と、当然にみなされます。つまり、これも憲法違反となるのです。

本来、「交戦権」は「自衛権」と一体であって、「主権」の核心的部分です。しかるに、現行の日本国憲法は、わが国が連合国軍の占領下にあった時期に制定されました。主権国家ではなくて一種の「従属国家」であった時代です。したがって、交戦権などないのは当然でした。つまり、この規定は、その当時のなごりと見るべきです。

しかしながら、わが国は、1952年に主権を回復しました。これで、日本は正真正銘の主権国家となり、新憲法を制定する大義名分が生じたのです。国際社会もむやみに批判するわけにはいかなかったでしょう。では、なにゆえに、この時点で現行憲法の改正をおこなわなかったのでしょうか。せめて、第9条第2項の「交戦権の否認」の文言を削除すべきだったのに、なぜしなかったのか。私達日本人は、それほど無知で無気力だったのでしょうか。いずれにせよ、その時期に生きた私達は、子々孫々に対して、はかりしれぬ重大な責任を負わなければなりません。

わが国は、自衛隊の創設以来、現実への対応にあたって、憲法第9条の戦争放棄条項を解釈によって何とかクリアしてきました。しかしながら、どう見ても「交戦権」の否認については、もはや名案はありません。論理的には、当初から難問でしたが、わが国では、問題にする向きが少なかったこともあり、政府は一種のごまかしで凌《しの》いできました。しかし、今後は、わが国の軍事的な国際貢献が進むにつれて、従来のような対応策では、いずれ破綻が顕在化するときが来るでしょう。

41

自衛権とは何か

「自衛権」は、国内法の「正当防衛」と同じ法理にもとづく主権国家固有の権利である。

「安全保障論議」で主に問題になったのは、わが国は「集団的自衛権」を行使できるか否かということでした。その問題に入る前に、そもそも「自衛権」とは何かについて述べたいと思います。

自衛権とは、法理論的には、個人がもっている「正当防衛」と同じものです。ですから、自衛権も、他からの侵害に対して自らを守るためにやむを得ずにした行為は正当な行為と見なされるわけです。自衛権は国際法で規定され、正当防衛は国内法が規定していますが、諸外国では、これらはまったく同一の法理にもとづく概念であると理解されています。

それは、諸外国で「自衛権」と「正当防衛」はどのような言葉で表されているかを調べるとよくわかります。

国連憲章の「正文」となっている言語は、中国語、フランス語、ロシア語、英語、スペイン語の5カ国語です。そのうち私が点検できた英語、フランス語、スペイン語が次の通りです。

	国際法の「自衛権」	国内法の「正当防衛」
英語	self-defense	legal defense または legitimate self-defense または self-defense
仏語	légitime défense	légitime défense
西語	legítima defensa	legítima defensa または propia defensa

いずれの場合も、「自衛権」と「正当防衛」とではまったく同一か類似の呼称なのです。

ところがわが国では「自衛権」と「正当防衛」とまったく異なった呼称で表すため、戸惑う方も少なくないのです。

「正当防衛」を規定したわが国の刑法には、「急迫不正の侵害に対して、自己または他人の権利を防衛するため、やむを得ずにした行為は、罰しない」（第36条第1項）とあります。「自己」と「他人」との間に軽重の差はありません。

他方、国連憲章では、加盟国に対して武力攻撃が発生した場合には、原則として安全保障理事会が対処することになっていますが、「（安保理が）国際の平和及び安全に必要な措置をとるまでの間、個別的または集団的自衛の固有の権利を害するものではない」（第51条）と規定しています。

ずいぶんと違う言い回しのため、われわれ日本人が、「正当防衛」と「自衛権」との類似性に気がつかなくてもやむを得ないでしょう。

国連憲章にいう「固有の権利」とは、およそ人間であればいかなる理由でも奪うことのできない「人権」と同様に、およそ主権国家であるならば当然に認められ、奪うことのできない権利という意味です。もっといえば、ある国がたとえその国内法によって「自衛権」を放棄しても、またそのように思い込んだとしても、固有の権利として国際法上認めないわけにはいかないと国連憲章は宣言しているのです。

ところが、国家が当然に保有している権利を否定しようとしたのが、「日本国憲法」の草案作成時、ＧＨＱ最高司令官マッカーサー元帥から示された3つの原則（マッカーサー3原則）のうちのひとつです。それは左のとおりですが、おおむね、現在の憲法第9条に相当します。

日本は、紛争解決のための手段としての戦争、さらに自己の安全を保持するための手段としての戦争をも、放棄する。日本はその防衛と保護を、今や世界を動かしつつある崇高な理想に委ねる。日本が陸海空軍をもつ権能は、将来も与えられることはなく、交戦権が日本軍に与えられることもない。

この「原則」に従えば、わが国は自国の安全を、外国の「崇高な理想に委ね」、自らを守る力を持たないことになるはずでした。何といっても、当時の最高権力者が示した「原則」ですので、そうなる可能性は大でした。幸い、この案は、さまざまな経過を経て修正されていきますが、現代日本人の、「国防」という言葉を避ける心理は、このマッカーサー原則と共通するものがあるように思えるのです。

42

「個別的」と「集団的」の区分がもたらした混乱

「個別的自衛権」と「集団的自衛権」は、本来ひとつのものである。

前項で、自衛権は国家固有の権利であると述べました。ところがわが国では、このうちの「集団的自衛権」がどのような経緯のもとに生まれた言葉であるかを考慮せず、「個別的」と「集団的」とを絶対的な区分であるかのように誤認して、わが国には個別的自衛権はあるが集団的自衛権はあるとかないとか、あるけれども使えないとか、不毛な議論に陥っています。しかし、自衛権が「個別的自衛権」と「集団的自衛権」との2つに分割されたのには特異な経緯があるのです。

歴史上初めて「集団的自衛権」という言葉が登場したのは、1945年に発効した国連憲章第51条においてです。加盟国に武力攻撃が発生した場合、個々の加盟国が「個別的または集団的な固有の権利」を発動してもよいと明記したのです。

この国連憲章の起草にあたったのがサンフランシスコにおける「国連憲章作成会議」ですが、ここで示された憲章原案では、平和と安全の問題については五大国中心の安全保障理事会に絶対的権限を与え、例外として各加盟国に自衛権の行使を認めることになっていました。この規定は広く反発を招き、とりわけ反対論を主導したのは中南米諸国でした。

じつは、国連憲章作成会議開催の直前に、中南米諸国は、アメリカとともに、メキシコ市郊外において「戦争と平和に関する全米会議」を開催して、「チャペルテペック議定書」を採択しています。それは、南北アメリカの国々の平和と安全を含む諸問題を解決する「米州機構」の設立と「全米相互援助条約（リオ条約）」の締結とを決議する文書でした。

国連憲章の原案では、加盟国の権利は「自衛権」という単純な文言で示されていましたが、これを読んだ中南米諸国は、安全保障理事会が自衛権を恣意的に狭く解釈して地域的機関の存在さえ認めないのではないかとの疑念を抱き、その絶対的権限に歯止めをかけようとしたのです。

ここで登場したのが、コロンビア代表（後の大統領）のアルベルト・リェーラス・カマルゴです。中南米諸国のリーダー的存在でした。彼はこの原案に異議を唱え、広義の「自衛権」の明記を求めました。長い折衝の末に、最終的にできたのが第51条の文言なのです。

このように、「集団的自衛権」は、慣習国際法の自衛権を全面的に確保するために導入された概念であって、自衛権を二分割して、集団的自衛権をことさらに強調する意図は毛頭なかったのです。

しかし、結果的には、本来「自衛権」が2つの側面を持つ1個の概念であるのに、2個の異なる自衛権に分割されたかのような文言になってしまいました。まことに遺憾ながら、わが国の世論の混乱ぶりは、「個別的自衛権」と「集団的自衛権」との機械的分離がもたらした現象なのです。

また、国連憲章によって生まれた「集団的自衛権」ですが、一般国際法から見れば、まったく新しい概念ではありません。昔から、「攻守同盟」とか「共同防衛」として普及している制度だからです。

ここで、「一般国際法」について、少し説明しておきましょう。いかなる社会でも、年月をへて何となく「慣習」が生まれてきます。それが「法」のレベルに達すると「慣習法」になります。「一般国際法」とは、国際社会が生み出した「国際慣習法」のことなのです。

他方、国連は国際的な結社ですから、それなりの規則を明示的に制定しているはずです。このような種類の国際的約束を「特別国際法」といいます。では、「集団的自衛権」などのような位置づけになるのか。国連という結社が人為的に作ったものですから、特別国際法の産物と見てさしつかえないでしょう。ところが、単純に「自衛権」というものは、主権国家ならば、いかなる国も当然にもっているものです。つまり、一般国際法上の権利であって、人為的なものではないのです。ここのところで理念上の混乱が生じているのです。

なお、第二次大戦後に起こった紛争や戦争は優に100件を超えますが、2014年4月の政府答弁書によると、ソ連がチェコスロバキアを支援（プラハの春　1968年）、米英がペルシャ湾地域に兵力を展開（湾岸戦争　1990年）、英仏豪などがアメリカを支援（9・11テロ対応　2001年）など、これまでに14件の「集団的自衛権」の行使が国連の安全保障理事会に報告されています。

43

軍隊の創設と矛盾するその他の条項

日本国憲法には軍隊の存在と相容れない2つの条項（第18条、第76条）がある。

先に、自衛隊を真正の軍隊にするには、憲法第9条第2項（戦力の不保持及び交戦権の否認）を削除、改正する必要があると述べました。しかし、それだけでは済みません。現行の日本国憲法には、軍隊と両立し得ない条項が、まだ2つもあるからです。

その2つの条項とは、第18条と第76条です。

第18条　何人も、いかなる奴隷的拘束も受けない。又、犯罪に因る処罰の場合を除いては、その意に反する苦役に服させられない。

第76条　すべて司法権は、最高裁判所及び法律の定めるところにより設置する下級裁判所に属する。

2　特別裁判所は、これを設置することができない。行政機関は、終審として裁判を行うことができない。

3　すべて裁判官は、その良心に従い独立してその職権を行い、この憲法及び法律にのみ拘束される。

これらの条項の問題点を説明しますが、それには、警察予備隊を創設するときの事情を検証する必要があります。

警察予備隊は、1950年に朝鮮戦争勃発の直後のこと、GHQの指令によって建前は「警察」の延長として設置された「治安警察」ですが、じつは、初めから「准軍事的(paramilitary)組織」でした。つまり、GHQの戦略的な思惑から見れば、日本の「再軍備」の出発点だったのです。

その間の事情は、GHQ付属の「軍事顧問団」の幕僚長フランク・コワルスキーが後に公表した手記『日本再軍備　米軍事顧問団幕僚長の記録』（中公文庫）で明らかになっています。コワルスキーは、自衛隊の前身となる「警察予備隊」を創設するときに、GHQ側の責任者として尽力した人物です。次に、その手記から肝心の問題点を紹介します。

1．憲法第18条（奴隷的拘束及び苦役からの自由）

この規定により意思に反する苦役が禁じられるので、「召集」も「義務兵役」もできないことになる。非常事態あるいは戦争になっても、兵員を召集することもできない。もし将来、戦争状態で軍事的要求を満たすほどの志願者がいなくなった場合には、いったいどうするのか。処置なしで済むわけがないであろう。

2．憲法第76条（司法権、裁判所、特別裁判所の禁止、裁判官の独立）

新たに真正の軍隊を創設しても、この条項があるので、軍事法廷（軍法会議）のような特別の刑事裁判制度も作れない。

では、現時点で、自衛隊内部の規律はどうなっているのか。隊員はすべて民事裁判所の司法権下におかれている。軍律違反に科せられる最も重い処罰は、「行政解雇」しかない。

さて、コワルスキー幕僚長の指摘はここまでなのですが、せっかくの機会ですから、そのほかに、国際法の分野にある対外的な課題を付け加えておきたいと思います。

それは、実際の国際的武力紛争（戦争）の場合です。戦場ではどうなるのでしょうか。自国の軍隊の内部規律の問題もあり得ますが、捕獲した敵兵の取り扱いなど、実際の戦闘に付随する法的な問題が多々生じます。それは、戦時国際法の一部門である「戦時法規」の問題となります。

そして、その戦時法規の適用には、最終的には「軍事法廷」を必要とする場合もあります。それには、あらかじめ制度として整備しておかねば話になりません。それが欠けている軍隊など、この世にあるはずがないのです。

44

フランス人権宣言に学べ

人民は常に憲法を再検討し、改正し、変更する権利を有する。ひとつの世代が、自らの法に将来の世代を従わせることはできない。

――フランス人権宣言　第28条

わが国では、うっかり憲法改正などと言うと、とかく気まずいことになりかねません。眉をひそめるような人もいます。なぜでしょうか。誰しも「憲法」に対しては、畏敬の念でもあるのでしょうか。

なにしろ、旧憲法（大日本帝国憲法）の時代には、「不磨の大典」などという言葉がありました。事実、旧憲法は1889年に公布されて以来、1946年の新憲法の公布により全面的に改正されるまで、57年間もまったく手つかずのままでした。

旧憲法にも改正条項はあります。しかし、今の憲法よりも硬性憲法で、天皇陛下も巻き込んでやらねばならないもので、畏れおおくてできなかったのかもしれません。

それはさておき、現行の新憲法は1946年に制定されたものですが、それには、旧憲法を「改正」するという手法をとりました。つまり憲法改正をしたのです。それは、占領軍の指令によるものではありますが、私達日本人にとっては、史上初めて、しかもたった一度の経験でした。

こうしてできた新憲法も今やすでに70年を過ぎていますが、その間に、一字一句も変えていないことになります。このようなことは、現代の国際社会では驚くべき事例なのです。70年も何も変えずにきた日本国憲法は、本来なら二度目、三度目の改正の時期を迎えていたとしてもおかしくありません。これが西欧のインテリ層の伝統的な考えです。憲法が一字一句変わっていないなんて、西欧人にいわせれば、不思議なもので、そんな国あるの、というのが正直な感想だと思います。

たとえば、西欧には、約30年と想定する「世代」ごとに、憲法を更新するのが当たり前という素朴な感覚があります。世代が変われば、時代精神も変わります。ですから、ひとつの世代が次の世代に対して、自分の流儀に従わせるわけにはいかないでしょう。なぜならば、この世の中は何でも変わるのが当たり前であり、それを固定しようとしても土台無理な話ですから。

フランスでは、1789年の革命勃発以来、「人権宣言」なるものが4回も発布されています。1789年、1793年（2回）、1795年のものです。ところで、1793年6月の人権宣言には次のような条項があります。

人民は常に憲法を再検討し、改正し、変更する権利を有する。
ひとつの世代が、自らの法に将来の世代を従わせることはできない。

一旦制定した憲法が時勢にそぐわなくなっても、そのこと自体なんの不思議もありません。こだわることこそ不自然ではありませんか。

しかしながら、私達日本人は、現行の憲法にひたすらこだわっているようです。何か異常な心理的拘束があるのでしょうか。それとも私達は無類の怠け者なのか、不精者なのか。

この世の中では、何でも具合の悪いところがあれば、手直しするのが当たり前です。あの『論語』で、「過ちては即ち改むるに憚るなかれ」と言っているではありませんか。ここでは誤ったわけではありませんが、何か具合が悪いのならば素直に直せばよいのです。部分的に改めてもよし（改憲）、まったく新しい条項を付け加えてもよし（加憲）、全部丸ごと取り替えて、「新憲法の制定」でもよいわけです。

結局のところ、憲法とは国家統治のひとつの「道具」にすぎません。大事なのは、その「国家」そのもののほうではありませんか。

45

歴史を動かす「世代」というリズム

幾世代にもわたって憲法を変えなかったことは、人工的にそれを止める何かがあったと考えるべきである。

かつて、ケネディ大統領の特別補佐官を務めた政治学者アーサー・シュレジンジャーが、「米国政治史のサイクル」という論文を書いています。その中で、米国の近代政治史を分析して、約30年の循環ないし波動を検証しました。そして、その理論的根拠として、オルテガの「世代論」を挙げています。

オルテガは、たびたび「世代」の問題を取り上げていますが、もっとも詳細に論じたのは、１９３３年に出版された『ガリレオをめぐって』という書物です。同書によれば、歴史を動かす原動力は、いくつかの同世代人の集団が複雑に絡み合って生み出すエネルギーです。それは、おおざっぱには、30年ごとに分けた場合の青年、壮年、老年です。これらの世代は、互いに異なるものとして、本質的には対立する関係にあります。歴史の現実は、主に30歳から60歳の世代によって作られますが、詳細には、45歳から60歳までは、優位と支配の世代として、30歳から45歳までは、新しい理念を創造して、直前の世代に論争を挑む世代です。

オルテガの世代論の結論としていえば、人生は「15年」ごとの5個の年齢層に分割されます。幼年期、青少年期、開始期、支配期そして老年期です。ここで、15年という区切り方ははたして妥当なのか戸惑いもあるかもしれませんが、オルテガは、古代ローマの歴史家タキトゥスの、「15年は、人間の時のひとつの決定的な段階である」という言葉を紹介しています。

こうして、歴史を作る動力は世代という集団にあります。集団が意識しているかどうかは別として、自動的に転がっていくのです。大局的に観察してみれば、各世代がお互いに弁証法的につながっていって歴史は動いていくのだと見たのです。

さて、私はここで日本国憲法も30年以上も経ったのだから変えたほうがいいと言いたいのではありません。15年、あるいは30年というのは偶然の数字ではないからです。人間社会はだんだんと変化してきて、世代ごとの暗黙のリズムでできているのです。そういうかたちで過去の歴史を分析すると面白いし、これからもある程度の予感にもつながるのではないかと思います。

それが人類の歴史を作る本能であるならば、70年も憲法が変わっていないというのは、おかしなことです。人工的にそれを止める何かがあったのではないかと考えるべきです。ところが、すでに述べたように、旧憲法である大日本帝国憲法もじつは一字一句変えていません。一度制定してしまったら、神聖にして侵すべからずという気持ちになってしまうのでしょうか。そうした暗黙の自己規制が日本人にはあるようです。57年間も変えなかったのですから。そうでなければ、何でも工夫して改善していくのが得意な日本人が、憲法を変えないのはおかしなことです。

オルテガは、そのほかにもさまざまな長期的波動を示唆していますが、その中で特に注目すべきは、百年ないし数百年という波長不同の「超長期的波動」です。それは、いかなる文明にも見られる「自己拡散」の外向的時代と、「自己沈潜」の内向的時代との循環であるとしています。それは、歴史の「うねり」を意味します。

ところで、「世紀」という考え方は、古代ローマの「サエクルム」すなわち「世紀の祭典」という慣習から由来しています。ただし、その発想はローマ人のものではありません。先住民族エトルスク人の発想です。彼等は、人間個人の最長寿命をおよそ百年と考えていました。ローマ人は、これを、社会という集団の「歴史」の単位に転換し、大胆に割り切って「百年」という尺度としたのです。そして、その後の西欧キリスト教世界が、その起点をおよそキリスト誕生の時点としました。これが百年単位で物を考える「世紀」の原型です。

わが国は、「旧憲法」発布以来、たった一度の強制的改正をはさんで、130年間近く、自ら憲法を改正しないという態度をとり続けてきました。これはすでに「世紀」のレベルに達しています。それは、何らかの自己規制による、極めて特異な非文明的態度であったというべきでしょう。しかし、それが、国際情勢の変化に対応できないことや、独立国とは言えない法体系であることなど、国の存立に関わる事態に直面している現在においては、賢明な態度とは言えないでしょう。なによりも、憲法延命のための無数のごまかしが、長い歴史をもつわが国の、国民精神に与える負の影響は甚大です。

46 諸外国の憲法改正事情

アメリカ6回、フランス27回、ドイツ60回、中国10回、韓国9回
――第二次大戦後の憲法改正の数

諸外国では憲法の改正をどの程度おこなっているのか。その事情を見てみましょう。

アメリカの現行憲法は、1788年に施行された「アメリカ合衆国憲法」で、その改正(修正・追補)はすでに18回おこなわれました。戦後だけでも6回改正されています。

なお、その修正手続きは特異な方式をとっています。すなわち、新しい「憲法修正条項」を、既存の憲法そのものに付け加えるかたちで、その肝心な修正(改正)がおこなわれる

のです。したがって、修正される条項は元の条文のままで残ることになって、削除はされません。

イギリスは、「不文憲法」という制度をとっている国です。憲法としてまとめられた、明示的な条文はいっさいありません。過去の重要な法律文書、慣習法などによる憲法秩序があるだけです。したがって、特に改正というような手続きもありません。一般庶民から見て、いつか気づくことがあれば、また変わったのだと思うことでしょう。改正の回数など数えようもありません。

フランスの現行憲法は、第二次大戦後、ドゴール将軍の強力な主導により１９５８年に制定された「第五共和国憲法」です。その第五共和国が正式に発足したのは、翌年の５９年の初頭となりました。大統領はもちろんドゴールです。

２０１６年2月の時点では、その憲法の改正は27回といわれています。なお、その後も新規の改正が検討されているといいます。最近の大規模テロ事件に鑑み、政府の治安維持の権限を強化するためと思われます。

ドイツの憲法事情は、極めて複雑で特異な歴史を背景としています。１９４５年にヒトラー政権が壊滅して、国家としては連合国に「征服」されました。それゆえ、旧ドイツと現在のドイツとの間には、いかなる意味でも法的な継続性がないのです。そのうえドイツは、戦後の東西両陣営の対立の影響で、西ドイツと東ドイツの2カ国に分断されました。

そのドイツでは、建前として、いまだに正式の「憲法」は制定されておりません。しかし、国家の基本的な法秩序は、1949年に制定された「ドイツ連邦共和国基本法」によって規定されています。では、それが憲法に相当するものではないか、と考える向きもあるでしょう。しかし、建前上、そうはいかない特異な事情があるのです。

その「基本法」は、ドイツが東西2つの国に分断されているときに、西ドイツ（ドイツ連邦共和国）で制定されました。そのとき、西ドイツは、将来、東西両ドイツの統合を想定して、正式の「憲法」制定を差し控えました。そして、暫定的なものとして「基本法」と称する法律にしたのです。しかし、正式の憲法制定の機運は、結局のところいまだに生れていないのです。ドイツ連邦共和国基本法の改正は、すでに60回以上おこなわれました。

スイスの現行憲法は、1999年に成立した「スイス連邦憲法」です。それは、フランス革命の影響を受けて1874年に制定された憲法を土台とするものなのです。

その憲法改正は、現行憲法に限れば2014年の時点で33回ですが、1874年の憲法から数えれば、すでに140回以上といわれています。

中国の現行憲法は、通称「82年憲法」といわれていますが、正式の呼称は「中華人民共和国憲法」です。ただし、その原型は、社会主義への過渡期に対応するものとして1954年に成立した「54年憲法」に始まりました。その後、社会主義段階に移行したこと、そしてソ連との対立が決定的となったことで、「74年憲法」となり、さらに文化革命を精算して「78年憲法」となりました。こうして、1982年に、資本主義と社会主義の中間を想定する現行の「82年憲法」が成立するのです。現行憲法による国家機構の基本原理は、人民民主主義独裁、社会主義国家、および民主集中制の3つです。54年憲法から数えると10回の改正。現行の「82年憲法」は1988年、1993年、1999年、2004年、2018年の5回改正されています。

韓国の現行憲法は、1987年に制定された「大韓民国憲法」です。「第六共和国憲法」とも呼ばれています。韓国の最初の憲法は1948年にさかのぼりますが、その後、9回の改憲をしています。

47

国防とは何を守ることか

国防とは、国民の生命・財産を守るだけでなく、「国民国家」を守っていることを知らねばならない。

今、国民が最も不安に思っているのは、核開発を続ける北朝鮮と、東シナ海、尖閣諸島近海への侵入を繰り返し、南シナ海でも各国と対立するなど、露骨な拡張主義をとる中国の存在でしょう。あるいは、アメリカがおこなう戦争に巻き込まれることを危惧する声もあります。また、国連ＰＫＯで派遣される自衛官の身の安全を心配する声もあります。

しかし、国連に象徴されるような戦後の現状維持体制がすでに限界を超えてしまっているのですから、日本の好むと好まざるとにかかわらず、今後、紛争はいっそう多く、いっそう激しくなっていくことは避けられないでしょう。

その場合において、いったい脅かされているのは何なのか、あらためて問いたいと思います。安全保障法制を制定するにあたって、政府は「国民の生命、財産」を守るためとしています。それは当然であるとしても、私はこの文言には不満が残ります。はたしてそれですべてなのか、なぜ「国」を守ると言わないのかということです。

「国民国家」という言葉があります。日本も国民国家です。それは、英語では「ネイション・ステイト」、フランス語では「エタ・ナシオン」、スペイン語では「エスタード・ナシオン」、ドイツ語では「ナツィオナル・シュタート」と言います。「国民国家」はその訳語です。これは、法的な制度を意味する「国家」という語に、その構成員が集団として営む国民社会を意味する「国民」という言葉を付け加えて作った社会学的概念です。

「国民国家」の本質は、今や「議会制民主主義」として、文明史上特異な政治制度と認められています。しかしながら、議会制民主主義は自明なものではありません。じつは、その根底には「自由民主主義」という微妙な建前があります。必ずしも両立するとは限らない自由主義と民主主義とが絶妙な形で融合しているのです。すなわち、民主主義によって、国家権力を行使するのは国民の集団となります。しかし、自由主義によって、国家権力は絶対ではあり得ず、個々の国民の固有の権利によって国家権力は当然に制限されることになります。こうして私たちは国家の運営について権利と義務とを有する主権者として帰属します。それが私たちが「日本国民」であるという意味です。

フランス革命以降の国民国家の形成過程は各国さまざまですが、アジアでは至る所で欧米の植民地主義勢力の攻勢にさらされました。その時点で国民国家の存立に成功したのは日本とシャム（タイ）だけです。なぜこの両国ともいわゆる君主制の国であったかについて述べれば一冊の本になってしまいますが、王室（皇室）がある種の国民統合の機能を果たしたことは間違いないでしょう。

ここで「国民」とは、特定の国の国籍を保有し、それに帰属する意識をもつ人々の集団のことです。ですから、国民国家について述べる際に、そこにあまり「人種」の論理を持ち込むことは好ましくありません。日本という国民国家のいっそうの成熟のためにも有害となりかねませんし、国内の少数者を排除することにもつながります。日本を「単一民族国家」であるかのような認識も流布していますが、史実としては、もともとはわが国も人種のるつぼでした。それが近世以降、同質化が進んであたかも単一民族のような様相が生じたのです。重要なのは、私たちの祖先が、ある時点から日本人、あるいは日本国民の意識をもつようになり、それ以降の歴史を共有してきたということです。

憲法はそのような歴史を負って制定されるべきものであり、国防とはそのような国を皆で守るということで、国民の生命、財産を守るという即物的なことだけではありません。国際社会でも、国の大小にかかわらず、国家主権を絶対かつ対等であるとしているのはそのような理由によります。

日本がいやしくも独立国家であるならば、主権は十全に保持していなくてはなりません。主権の核心たる交戦権を否認するなどあり得ないことです。それは戦争をしたいとかしたくないとかいうこととは無関係です。国家の要諦が、今問われているのです。

あとがき

１９７０年代のことです。スイスのジュネーヴにある赤十字国際委員会がイニシアチブをとって戦時法規を改定する作業に着手することになりました。２つの議定書を作ることになるのですが、その前段階として政府専門家会議が開かれることになりました。この会議については、当時、外務省国連局の社会課長だった私の所管となったのです。

ジュネーヴへ誰か代表を出さなければならないというので、省内の条約局などに声を掛けましたが、みな反応が鈍いのです。では、防衛庁（当時）ならどうだろうかと思って聞いてみると、まるで関心も示さないのです。仕方がないので、私自身が行くということになりました。

そこで私は、東京大学と京都大学から戦時法規の研究者を招き非公式会合を設けて、京都学派の竹本正幸教授を選んで代表団に参加してもらうことになりました。ちなみに、竹本さんは戦時法規の世界的権威であるイギリスのドレイパー大佐の弟子です。

さて、その後は実務家で私ほど戦時法規に詳しい人間はほかにはいないだろうと自負することになるのですが、じつは、私と戦時法規とのご縁ができたきっかけがこの会議だったのです。それまでは、戦時法規などと言われてもなんのことかさっぱりわからないので、猛勉強して出席しました。そして、戦時法規がどのように改定されるかを、この目でつぶさに見たわけです。

その後、中南米のいくつかの国の大使を務めたりしましたが、振り返ってみて、どの国もさまざまな課題を抱え、国家の存立のために真剣な努力をしていました。そのような中で私は、外交とは、戦争と同様に国益をかけたもうひとつの闘争であることを実感していきました。

私は最初から外交官を志していたのではありません。幼いときから軍人志望だったのです。

父は横浜のある精油会社の技師でしたが、若くして交通事故で亡くなりました。母は私を頭に3人の子どもを連れて、父と同郷の米沢の実家に身を寄せることになりました。父方には3人の伯父がいて、みなが職業軍人でした。私もその影響を受けたのかもしれません。

幸いにして、私は仙台陸軍幼年学校の入学試験に合格しました。米沢興譲館中学校の一年次のことです。3年間の幼年学校を終えて、陸軍予科士官学校に上がりました。こうして私は軍人になるはずでした。ところが、士官学校の一年次の夏に終戦を迎えました。学校が廃止されたので、やむなく郷里の米沢に帰って、編入試験を受けて旧制山形高等学校に入り直しました。ある意味で志に破れたのですが、そのときに考えたことは、軍人がだめなら外交官になろうということでした。軍人も外交官も、国を守ることに変わりはないと思ったからです。

そして大学を卒業して外務省に入省したのが1954年12月で、すでに日本は占領から解放され、主権を回復していました。以後、30余年を海外で、または国内の部局で過ごしましたが、その間、ずっと感じてきたのは、わが国は、形の上では独立を果たしたけれども、なお心の中に敗戦を抱えているということでした。それは外務省の中にも一般国民の中にも存在する、ある種の卑屈化現象といえるものです。

その卑屈化の根因は、敗戦の法理を正しく理解していないことに起因するものであるように思われます。日本は先の大戦を立派に戦い、そして、ある意味で立派に負けたのです。戦争の意味や降伏の法的解釈は本書の中で詳しく述べた通りで、けっして卑屈になったり、引きずったりする理由はありません。正々堂々と戦後を再出発すればよかったのです。

今日、日本がアメリカと友好関係にあり、同盟国でさえあるのは、大戦時に両国は壮絶な戦いをしたからだといえるかもしれません。日本は、少しも卑屈になる必要などないのです。もちろん、原爆の投下や無差別の空襲など、人道的意味から、もっともっと批判と抗議をしてよいと思います。本書でも述べたとおり、これらは国際法上、違法行為ではないのでアメリカが謝罪することはないかもしれませんが、これによって同盟関係が壊れるものではないでしょう。むしろ、いっそう対等な関係になることができるというものです。

私は外務省退官後に、戦後日本の抱える問題や、軍隊、国連などについて、主に国際法の観点からの著作をいくつも上梓してきましたが、本書は、これらの著作の主要な論点に、今日的な課題を加えて、1テーマ4ページとして、なるべく要領よくまとめたものです。

本書の執筆にあたっては、発行人と編集人の良本光明・和恵さんご夫妻にはたいへんお世話になりました。特に編集者としての和恵さんとは、20年来の付き合いなのです。

２０１３年には、ご夫妻で「グッドブックス」を立ち上げられて、また新しい場ができたと嬉しく思っています。もっとも私達はすでに気心の知れた間柄ですので、今さらお世話になったなどという話ではないのかもしれません。つまり、本書は著者と編集者の合作のようなものなのです。重ね重ねありがとうございました。

また、妻の和子からも何かと協力を得たことをここに記しておきます。

このような日本の「死活的問題」が、読者の世代には見事に解決されることを願いつつ、筆を置きます。

平成29年春の佳き日に

色摩《しかま》力夫《りきを》

〈著者略歴〉
色摩力夫（しかま・りきを）
元外交官・評論家。1928 年（昭和 3 年）横浜市生まれ。仙台陸軍幼年学校卒業後、陸軍予科士官学校入学。この年に終戦を迎える。東京大学文学部仏文科を卒業後、54 年外務省入省。スペイン、ベトナム、OECD、ペルー、イタリアに在勤。国連局社会課長、中南米第一課長、中南米参事官、内閣官房インドシナ難民対策連絡調整会議事務局長、在サン・パウロ総領事、駐ホンジュラス大使、駐コロンビア大使、駐チリ大使を歴任し、92 年退官。その後、浜松大学国際経済学部教授、2003 年退職。国家基本問題研究所客員研究員。
主な著書に、『オルテガ』『アメリゴ・ヴェスプッチ』（以上、中公新書）、『国家権力の解剖』（総合法令）、『黄昏のスペイン帝国』（中央公論新社）、『国民のための戦争と平和の法』（小室直樹氏との共著、総合法令出版）、『国際連合という神話』（PHP 新書）などがある。

国防と国際法 〜『日本の死活問題』新装改訂〜

2021 年 11 月 30 日　初版発行

著　者　色摩力夫

装　幀　長坂勇司（nagasaka design）

編集協力　色摩健夫

発 行 人　良本光明

編 集 人　良本和惠

発 行 所　株式会社グッドブックス
〒 103-0023　東京都中央区日本橋本町 2-3-6　協同ビル 602
電話 03-6262-5422　FAX03-6262-5423
https://good-books.co.jp/

印刷・製本　シナノ印刷株式会社

ISBN978-4-907461-32-4